JN026871

新しい部活のつくり方

地域移行にともなう指導者の教科書

一般社団法人アスリートキャリアセンター

徳間書店

はじめに

2023(令和 5)年 4 月から中学校の運動部活動の地域移行がスタートします。これまで部活動の指導をしていた教員免許をもつ学校職員以外にも、多くの大人が指導者として、スポーツを教える機会が増えていくことになります。

そこで、現場に立つすべての指導者が、自信をもって最新のノウハウを子どもに教えられるバイブルをつくりたいという願いのもと、本書を作成するに至りました。

指導現場では、いまだに軍事教練のなかで主流となっていたKKD（勘・経験・度胸）を軸とした昭和のノウハウを用いている指導者が一定数います。

そのため、指導現場でパワーハラスメント・セクシャルハラスメントなどのハラスメント行為が後を絶たない状況が続いていると考えられます。

また、私にはサラリーマン生活を経て、10 年ぶりに陸上競技の現場に帰ってきたときに、トレーニング内容がほとんど変わっていないことに愕然（がくぜん）とした経験があります。

日々、スポーツ科学や医療が進歩しているにもかかわらず、指導者自身が学生のときに指導を受けた方法を実施し続けている現状を目（ま）の当たりにしていました。

これらの問題を解決するためには、組織運営とトレーニングの両面から科学的な根拠に基づいた最新のノウハウを体系化し、現場の指導者がそれを学び、運動指導の在り方そのものを変えていくことが急務だと感じるようになりました。

私は、青山学院大学 駅伝チームを指導するなかで、自ら前向きに取り組み、成長しようとする「自律」を促す指導方法を実践してきました。

さらに、青山学院大学地球社会共生学部の教授として、リーダーシップ論やキャリアデザインといった講義を担当して研究するなかで、現在の子どもたちに必要な育成論ができあがってきました。

そして、駅伝チームは、2015年からはより科学的な根拠に基づいたトレーニングを積極的に取り入れたことで、2023年までに6度の箱根駅伝優勝という成績を収めてきました。

今回、これらをベースとして、指導メソッドを体系的にまとめました。

私の専門種目は陸上競技ではありますが、このメソッドは陸上競技に限ったものではありません。すべての指導者に学んでいただきたい内容になっています。

そして、すべての指導者に科学的な根拠をもとに、自信をもって指導にあたってほしい。新時代にふさわしい、新たな指導者が増えていくことを、心から願っています。

青山学院大学 地球社会共生学部 教授
陸上競技部長距離ブロック監督
一般社団法人アスリートキャリアセンター代表理事
原 晋

本書の取り組みに対して室伏広治スポーツ庁長官からもご支持をいただきました(2023年2月7日)

新しい部活のつくり方
地域移行にともなう指導者の教科書

CONTENTS

第1章

部活動の現状と未来

第2章

組織づくりのメソッド

組織づくりの基本

組織の成長方法

問題の解決方法

第3章

目標実現のメソッド

第4章

体づくりの基礎

第5章

知っておきたいセルフ関節モビライゼーション

第6章

ケガの予防と心のケア

外傷の予防方法

スポーツ障害の予防方法

知っておきたい疲労回復方法

有効なメンタルケア方法

第7章

安全対策の基礎

トラブルの対応方法

心身を整える呼吸

第1章

部活動の現状と未来

これまでの部活動
これからの部活動

青山学院大学 地球社会共生学部 教授
陸上競技部長距離ブロック監督
一般社団法人アスリートキャリアセンター代表理事

Hara Susumu
原 晋

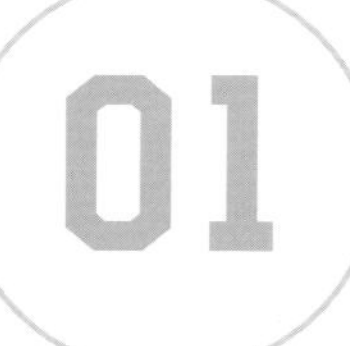

部活動の役割と取り巻く状況

部活動は課外活動でありながら、学校教育において大きな役割を担ってきました。しかし、昨今は状況が大きく変化しています。部活動の役割をあらためて認識するとともに、時代とともに変化している状況を正確に把握しましょう。

部活動の役割

これまでの中学校の運動部活動（以降、本書では部活動と表記）は、義務教育課程において、生徒たちがスポーツに親しむ機会を確保しながら、その活動をとおして、達成感や責任感の経験、自主性の育成に寄与してきました。

また、学校教育の一環として行われる部活動は、中学校であれば１～３年生までの異なる年齢の生徒が交流する場であり、人間関係の構築を学ぶうえでも重要な役割を果たしてきました。

つまり、生涯にわたって豊かなスポーツライフを継続する資質の形成や、体力の向上、健康の増進に貢献してきたのです。

文部科学省が発表している「運動部活動での指導のガイドライン」（2013年）には、部活動の学校教育における位置づけ、意義、役割などについて次のように書かれています。

学校教育における部活動の位置づけ、意義、役割

① 部活動は学校教育の一環として行われるもの

② 部活動は、スポーツの技能等の向上のみならず、生徒の生きる力の育成、豊かな学校生活の実現に意義を有するものとなることが望まれる

③ 生徒の自主的、自発的な活動の場の充実に向けて、部活動、総合型地域スポーツクラブ等が地域の特色を生かして取り組むこと、また、必要に応じて連携することが望まれる

挑戦によってもたらされる効果

さらに、同ガイドラインには、「学校教育の一環として行われる運動部活動は、スポーツに興味と関心をもつ同好の生徒が、より高い水準の技能や記録に挑戦する中で（中略）、資質や能力などさまざまな意義や効果をもたらすものと考えられます」とも書かれています。

部活動の意義や効果

・スポーツの楽しさや喜びを味わい、生涯にわたって豊かなスポーツライフを継続する資質や能力を育てる

・体力の向上や健康増進につながる

・保健体育科などの教育課程内の指導で身につけたものを発展、充実させたり、活用させたりするとともに、部活動の成果を学校の教育活動全体で生かす機会となる

・自主性、協調性、責任感、連帯感などを育成する

・自己の力の確認、努力による達成感、充実感をもたらす

・互いに競い、励まし、協力する中で友情を深めるとともに、学級や学年を離れて仲間や指導者と密接に触れ合うことにより学級内とは異なる人間関係の形成につながる

引用：「運動部活動での指導のガイドライン」文部科学省

環境の変化と近年の問題点

たしかに、部活動は長く子どもたちの大切な学びの場として存在してきました。一方で、学校の部活動をめぐる状況については、近年、持続可能性という面で、難しくなってきています。

具体的には、部活動の顧問をする教師の大きな負担と、加速する少子化が問題になってきているからです。

少子化による部活動持続の困難性

スポーツ庁が実施した「平成29年度 運動部活動等に関する実態調査報告書」(2018年)によれば、2016年度以降のわずかな期間に中学校の運動部の13.9%、高等学校の運動部の19%で休部・廃部があり、その主たる原因には、部員の減少が挙げられています。

この傾向は、今後ますます強くなると考えられます。

部活動が教員の業務負担をまねく

「運動部活動等に関する実態調査」によれば、中学校の運動部顧問の１週間の指導日数は週５日以上が大半を占めており、平日の指導時間については、多くの場合１～３時間程度となっています。

休日においては指導だけでなく、大会への引率、大会運営への参画などが求められるため、教員にとって大きな業務負担となっているのは間違いないでしょう。

教員の指導日数・指導時間の集計

① 平日の指導日数

	中学校 運動部主担当						高等学校 運動部主担当					
	全体(n=4,421)		公立(n=4,138)		私立(n=283)		全体(n=5,883)		公立(n=4,370)		私立(n=1,513)	
0日	265	6.0	236	5.7	29	10.2	592	10.1	436	10.0	156	10.3
1日	53	1.2	35	0.8	18	6.4	139	2.4	80	1.8	59	3.9
2日	100	2.3	46	1.1	54	19.1	181	3.1	93	2.1	88	5.8
3日	214	4.8	15.8	3.8	56	19.8	349	5.9	181	4.1	168	11.1
4日	2,058	46.6	1,978	47.8	80	28.3	2,014	34.2	1,564	35.8	450	29.7
5日	1,731	39.2	1,685	40.7	46	16.3	2,068	44.3	2,016	46.1	592	39.1

② 平日の指導時間

	中学校 運動部主担当						高等学校 運動部主担当					
	全体(n=4,325)		公立(n=4,052)		私立(n=273)		全体(n=5,769)		公立(n=4,284)		私立(n=1,485)	
0～1時間程度	292	6.8	263	6.5	29	10.6	706	12.2	542	12.7	164	11.0
1～2時間程度	1,574	36.4	1,454	35.9	120	44.0	1,683	29.2	1,279	29.9	404	27.2
2～3時間程度	1,680	38.8	1,605	39.6	75	27.5	1,823	31.6	1,427	33.3	398	26.8
3～4時間程度	630	14.6	592	14.6	38	13.9	959	16.6	667	15.6	292	19.7
4～5時間程度	82	1.9	78	1.9	4	1.5	363	6.3	239	5.6	124	8.4
5時間以上	67	1.5	60	1.5	7	2.6	233	4.0	130	3.0	103	6.9

③ 1週間の指導時間

	中学校 運動部主担当						高等学校 運動部主担当					
	全体(n=4,259)		公立(n=3,993)		私立(n=266)		全体(n=5,685)		公立(n=4,220)		私立(n=1,465)	
0～1日程度	122	2.9	107	2.7	15	5.6	310	5.5	211	5.0	99	6.8
1～2日程度	55	1.3	43	1.1	12	4.5	200	3.5	148	3.5	52	3.5
2～3日程度	73	1.7	47	1.2	26	9.8	184	3.2	112	2.7	72	4.9
3～4日程度	116	2.7	64	1.6	52	19.5	194	3.4	101	2.4	93	6.3
4～5日程度	273	6.4	231	5.8	42	15.8	313	5.5	189	4.5	124	8.5
5～6日程度	1,509	35.4	1,454	36.4	55	20.7	1,102	19.4	854	20.2	248	16.9
6～7日程度	1,765	41.4	1,709	42.8	56	21.1	2,557	45.0	2,081	49.3	476	32.5
7日	346	8.1	338	8.5	8	3.0	825	14.5	524	12.4	301	20.5

「平成29年度 運動部活動等に関する実態調査報告書」文部科学省 P92 を基に作図

02 進む少子化により部活動を地域に移行

少子化は部活動にどのような影響を与えているのでしょうか。変わりゆく環境に応じて、部活動は変革のときを迎えています。今後はどのように変わっていき、そのなかで何が求められているのかを考察します。

少子化の現状

少子化の進行により、中学校などの生徒数は大幅に減少しています。同様に教員数も、それに比例して減少傾向にあります。公立中学校の生徒数は、いわゆる第２次ベビーブーム世代が中学生になった1986年が約589万人であり、学校数は１万517校、教員数は約28万人でした。しかし、2021年現在、生徒数は約296万人と、ほぼ半分となり、学校数は9230校、教師数は約23万人と、それぞれ減少しています。

出生数で見ると、第２次ベビーブーム世代が生まれた1973年は約209万人でしたが、2021年には84万人となっています。今後も子どもの数は減少が進み、学校の統廃合も進んでいくことは明らかです。

少子化による環境の変化と部活動に与える影響

部活動も、少子化による生徒数減少の影響を大きく受けています。部員が集まらないため、大会に必要な人数がそろわず出場できないという事態のほか、「日頃の練習すらままならない」という状況が見られるようになっています。とくに、「学校毎の生徒数の規模を簡単には増やすことができない公立中学校」や、過疎化が進む地域では深刻な問題です。

比較的規模の大きな中学校であっても、「生徒数や教員数等の関係から、現状を維持するだけで精一杯」となり、生徒の多様な志向や個人差のある体力などに応じた理想的な活動に取り組むことが難しくなっています。

加えて、少子化による教員数の減少は、教員への過度な負担を増長させています。それが大きな原因となり、中学生のスポーツ環境は学校の部活動では支えきれなくなってきているのです。

部活動は地域移行を推進

中学生の部活動を学校だけでは支えられなくなってきた現状のなか、変革が求められています。その１つとして、地域移行が推進されるようになってきました。これまで学校単位であった活動を、地域単位にシフトして広げていくことにより、少子化のなかでも、子どもたちが継続してスポーツに親しむ機会を確保することができます。

さらに、このことは学校における働き方改革を推進する副次的効果もあります。それは学校教育の質の向上につながるでしょう。

また、地域移行だけではなく、民間が運営するスポーツクラブなどにその機会を求める流れが強まっているのが現状です。

地域移行しても教育的意義や役割を継承する

部活動が地域へ移行されたからといって、本来の教育的意義や役割を失ってはいけません。活動母体が変わっても継承し、発展させていくべきです。

部活動の地域移行は、たんに運営を学校から切り離すということではなく、「子どもたちの望ましい成長を保障できるよう、地域全体で子どもたちの多様なスポーツの体験機会」を確保する必要があるのです。

03 地域移行による新しいスポーツ環境

地域移行するにあたり、そのスポーツ環境の整備も必要になってきます。そのとき、どのようなことを想定しなければならないのでしょうか。現状をしっかりと認識したうえで、そのすべてのニーズに応えなければなりません。それでは、現状がどうなっているかを見ていきましょう。

移行による問題点の持ち越し

学校で行われていた部活動を地域移行する際には、すべての子どもたちが求めるニーズに応じられないという問題が発生することがあります。たんに、練習内容、活動時間、指導体制を移行すればいいというものではありません。

そうなると、大会での成績を重視した勝利至上主義の基で活動が行われるなど、これまでの学校での部活動が抱えていた問題が、そのまま持ち越されてしまうことでしょう。

そのため、スポーツ庁は、「地域における新たなスポーツ環境の在り方」を提案しています。

そのほか、現状の部活動の問題点として、「指導者にスポーツマネジメント能力がないことによる、体罰等の問題」「指導者が経験のないスポーツの指導にあたっていること」「学校教員の長時間労働」なども挙げています。

また、体罰等の支配する教育を行っている場合には、①体罰等の行為が問題となり、指導者から退任せざるをえない状況となる、②体罰等での指導方法しか知らないため、その指導方法を制限され、チームが弱体化、③自分の

参考：「運動部活動の地域移行に関する検討会議提言 参考資料集」スポーツ庁

できる指導方法に限界を感じ、自ら退任するという３パターンのいずれかに追い込まれ、指導者の立場がなくなることが予想されます。

中学生の運動部などへの所属状況

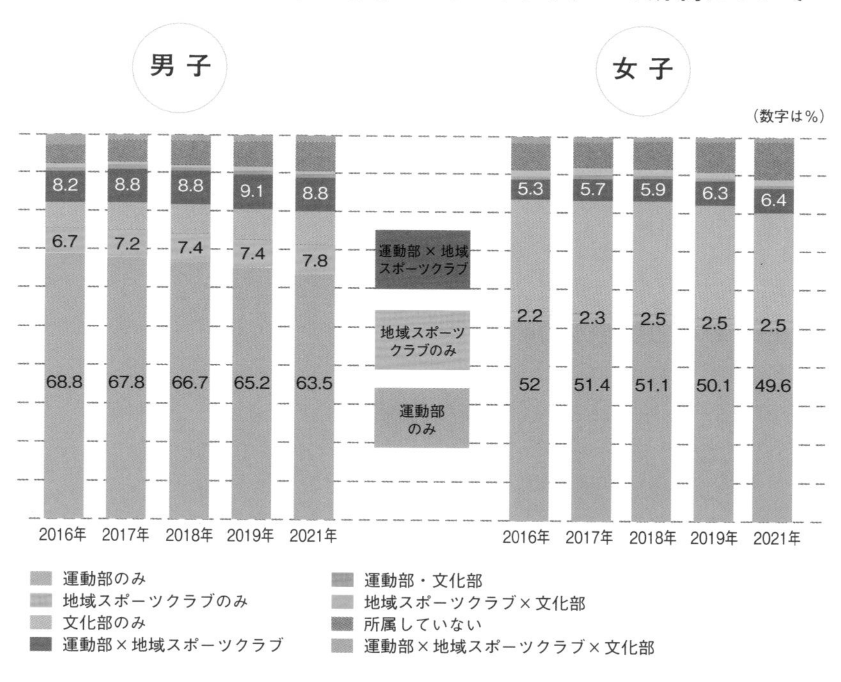

●「運動部のみ」に所属する生徒は減少しており、「地域スポーツクラブのみ」に所属する生徒は増加している。
●「運動部」と「地域スポーツクラブ」の両方に所属する生徒も増加している。

「運動部活動の地域移行に関する検討会議提言 参考資料集」スポーツ庁 P10 を基に作図

「地域における新たなスポーツ環境の在り方」

参加者は希望するすべての生徒を想定する

前ページの図で示されるように、現在もなお多くの子どもが部活動に所属しています。運動部にのみに所属している中学校の生徒は、男子で63.5%、女子で49.6%となっています。一方、地域のスポーツクラブのみに所属している生徒は男子で7.8%、女子では2.5%となっています。

年次の推移を比較すると、部活動のみの所属は減少傾向ですが、地域のスポーツクラブ所属は増えてきており、徐々に移行が進んでいるといえるでしょう。

学校の部活動から地域移行を進めるにあたり、部活動は教育の一環であることを考慮しなければなりません。多くの子どもが部活動への所属を希望している現状を踏まえ、その子どもたち全員の機会を確保できるように試みましょう。

また、地域におけるスポーツ環境を整備する際には、できるだけ多くの子どもがスポーツに親しめる機会を確保できるように考慮すべきです。文化部活動に所属している生徒や、運動が苦手な生徒、障がいのある生徒など、希望するすべての子どもを想定する必要があります。

スポーツ環境の構築は
それぞれ地域の実情に応じた対応を

地域におけるスポーツ機会を提供している組織・団体は多様です。地域における新たなスポーツ環境の構築に当たっては、それぞれの地域の実情に応じた対応が求められます。

そのため、実施主体を特定の団体に限定して、その整備充実を図るのではなく、総合型地域スポーツクラブやスポーツ少年団、クラブチーム、プロスポーツチーム、民間事業者、フィットネスジム、大学など、多様な実施主体を想定しながら対応する必要があります。そのほか、保護者会や同窓会、複数の学校の運動部が統合し設立する団体なども考えられます。

参考：「運動部活動の地域移行に関する検討会議提言 参考資料集」スポーツ庁

子どもの志向や体力などの状況に適したスポーツの機会を確保する

中学生には体力や技量が高い競技志向の生徒もいる一方で、楽しむことを重視するレクリエーション志向の生徒もいます。さらに、運動が苦手な子ども、障がいのある子どももいるので、そうした志向や状況に応じた対応が求められます。

そのため、現行の部活動のように競技志向で特定の運動種目に継続的かつ長期間にわたり専念する活動だけでなく、青少年期を通じて幅広いスポーツ活動に親しむための機会を設けるようになっています。休日や長期休暇中などに開催されるスポーツの体験教室や体験型のキャンプのような活動、レクリエーション的な活動、シーズン制で複数の運動種目を経験できる活動、障がいの有無にかかわらず、誰もが一緒に参加できる活動など、さまざまな機会を考えましょう。

子どもの志向や体力など、それぞれの状況はさまざまです。その多様な状況に適したスポーツの機会を確保する必要があります。

地域移行しても多様なニーズに応える

部活動の地域移行によって、子どもたちの指導を託すことになるスポーツ指導者は、地域移行によって目指す新しいスポーツ環境を踏まえて、学校や地域と連携しながら、進めていきましょう。

とくに、部活動は学校教育の一環で、地域移行しても、その役割は変わりません。すべての子どもが競技志向が高いわけではなく、ニーズは多様であることを肝に銘じておかなければいけません。

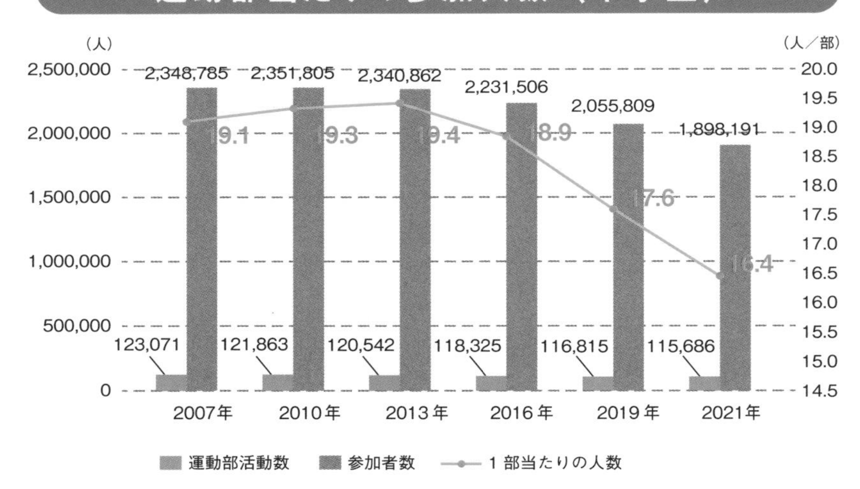

● 1運動部当たりの参加人数は近年減少傾向にあり、2021年度については、16.4人である。

日本中学校体育連盟の調査を基にスポーツ庁が作成したものを基に作図

求められる地域における スポーツ指導者の質と量

部活動の地域移行にあたって、指導者の確保は不可欠な問題です。優秀な指導者はどのように確保されているのでしょうか。その課題を認識して、必要な人材を準備できるようにしましょう。

優秀な指導者の確保

アスリートキャリアセンターが「クラブコーチ育成カリキュラム」をスター

参考：「運動部活動の地域移行に関する検討会議提言 参考資料集」スポーツ庁

トした大きな理由が、部活動の地域移行が進んでいくなかで、子どもたちが地域においてスポーツを行う機会を確保するためです。質・量ともに十分な指導者が不可欠であり、地域の格差なく優秀な指導者を確保できるようにしていく必要があるのです。

スポーツ庁は、「運動部活動の地域移行に関する検討会議 提言」のなかで、指導者についての課題について触れています。

地域移行による指導者の課題

指導者の質の保障

子どもにとってふさわしいスポーツ環境を整備するためには、各地域において、資質・能力を有しつつ専門性の高い指導者を確保していく必要があります。とくに、心身の発達の途上にある子どもを指導する者は、子どもたちの安全・安心を確保しなければならないことを認識しましょう。

練習が過度になり負担とならないようにしたり、暴言・暴力、行き過ぎた指導などのハラスメント行為を根絶したりすることが強く求められます。子どもの基本的人権の保障や権利利益の擁護の観点にも留意する必要があります。

子どもの指導にあたる指導者には、指導者資格の取得や研修を促進しなければなりません。その際、これまでの部活動の意義や役割について、地域単位の活動においても継承・発展させ、新しい価値が創出されるよう、学校教育関係者らと十分に連携しながら、発達段階やニーズに応じた多様な活動ができるよう留意する必要があります。

また、指導者はスポーツに精通している有資格のトレーナーらの専門家とも緊密に連携するなどして、指導する子どもを安全・健康管理等の面で支えていくことも重要です。

指導者の量の確保

指導者の確保については、スポーツ庁の「地域運動部活動推進事業」（令和５年度以降の休日の部活動の段階的な地域移行に向けて、地域人材の確保や費用負担の在り方、運営団体の確保など課題に総合的に取り組むために、

参考：「運動部活動の地域移行に関する検討会議提言 参考資料集」スポーツ庁

全国各地の拠点校で実施された実践研究）を活用するなどし、先進的に取り組んでいる地域もあります。

それらの地域では、部活動指導員を活用しているものや、教員が兼職兼業の許可を得て指導にあたっているもの、企業・クラブチームから指導者が派遣されているもの、大学と連携しているもの、地域のスポーツ団体等と連携して人材バンクを設置しているものなど、さまざまな事例があります。

「地域運動部活動推進事業」における実践事例

以下は、「地域運動部活動推進事業」における実践事例になります。

●愛知県春日井市（部活動指導員）
・国からの補助以外にも、市独自で部活動指導員を配置
・休日は部活動指導員が地域のスポーツ指導者として部活動を運営

●北海道当別町（兼職兼業）
・部活動の支援事業を行う民間事業者が、兼職兼業の説明から実際の手続きまでを提供することで兼職兼業を推進

●東京都日野市（企業）
・地元企業の協力を得て、実業団で競技経験を有する選手・OBを指導者として中学校に派遣

●新潟県村上市（大学）
・地域部活動運営団体であるNPO法人と大学が連携し、指導者育成プログラム研修会を実施

●熊本県南関町（人材バンク）
・指導者確保に向けた人材バンクを設置
・研修会受講を要件に指導者認定を実施

参考：「運動部活動の地域移行に関する検討会議提言 参考資料集」スポーツ庁

部活動指導で求められるもの

部活動の地域移行に伴い、指導者が質・量ともに足りていないのが現状です。しかし、その需要は急激に高まっています。それでは、指導者に必要とされるものは何かを、具体的に学んでいきましょう。

部活動指導員という制度

前述の実践事例で挙げた、愛知県春日井市の部活動指導員とは、部活動の指導だけでなく、大会の引率も行える外部指導者です。

2017年4月から制度化され、学校外から配属される部活動指導員は、学校の正式な職員として部活動の顧問を担当できるようになりました。部活動の地域移行が進んでいけば、そのニーズはますます増えていくでしょう。

部活動指導員の職務

部活動指導員には次のような職務が求められます。

- 実技指導
- 安全・障害予防に関する知識・技能の指導
- 学校外での活動（大会・練習試合等）の引率
- 用具・施設の点検・管理
- 事故が発生した場合の現場対応
- 部活動の管理運営（会計管理等）
- 保護者等への連絡
- 年間・月間指導計画の作成
- 生徒指導に係る対応
- 事故が発生した場合の現場対応

部活動の地域移行推進による指導員不足

部活動指導員の役割は多岐にわたり、大きな責任があります。しかし、現在は部活動指導員になるための必須資格はありません。各都道府県教育委員会によっては、一定の資格取得者であったり、部活動指導経験が必要だったりする場合もありますが、全体的には未整備の状態です。

日本スポーツ協会指導者育成委員会による「学校運動部活動指導者の実態に関する調査報告書」（2021年）によれば、学校として部活動指導員・外部指導者に依頼をしたことがあるのは、中学校で79.2%、高等学校で76.6%となっています。

一見、とても多い数字のようですが、「現在担当している運動部活動に関わっている部活動指導員・外部指導者の有無」という質問になると、中学校では「部活動指導員に依頼している」が8.7%、「外部指導者に依頼している」が30.0%、高等学校では前者が11.5%、後者が28.7%となっており、地域移行の推進とともに増えていくとは考えられますが、現在は広く普及しているとはいえない状況です。

また、「部活動指導員・外部指導者に依頼するにあたり課題になった（なると思われる）こと」という質問については、中学校・高等学校ともに多くの教員が、「顧問教員と連携した指導体制の構築」「顧問教員と良好なコミュニケーションをとれること」と回答しています。

部活動指導員・外部指導者に依頼する必要がないと考えている教員に対して、その理由を問う質問では、「現在の指導体制で十分なため」という回答に続くのが、「教員と連携した指導体制の構築が難しいため」「適任者を探すことが難しいため」というものでした。

このことからも、学校側が必要とする人材が圧倒的に不足しており、育成が急務であることがうかがえます。

参考：「運動部活動の地域移行に関する検討会議提言 参考資料集」スポーツ庁

指導員に求められる普遍的な知識

部活動の地域移行が進むなか、スポーツ指導者が部活動の運営にどのように関わっていくのかは、地域によってさまざまな形があると考えられます。地域によってスポーツ指導者に求めるものの差異はあるでしょうが、指導者側は求められる普遍的な知識を身につけておかなければなりません。

学校教育の一環であること、対象が心身の成長が著しい世代であることを踏まえ、技術指導力だけでなく、組織を運営する力、コミュニケーション能力、体づくりや健康に関する知識などを身につける必要があるでしょう。

学校としての部活動指導員・外部指導者への依頼の有無

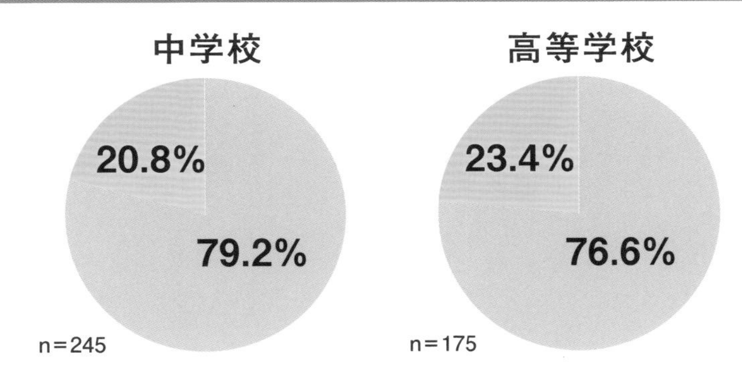

「学校運動部活動指導者の実態に関する調査報告書」日本スポーツ協会指導者育成委員会 P14を基に作図

部活動の部活動指導員・外部指導者の有無

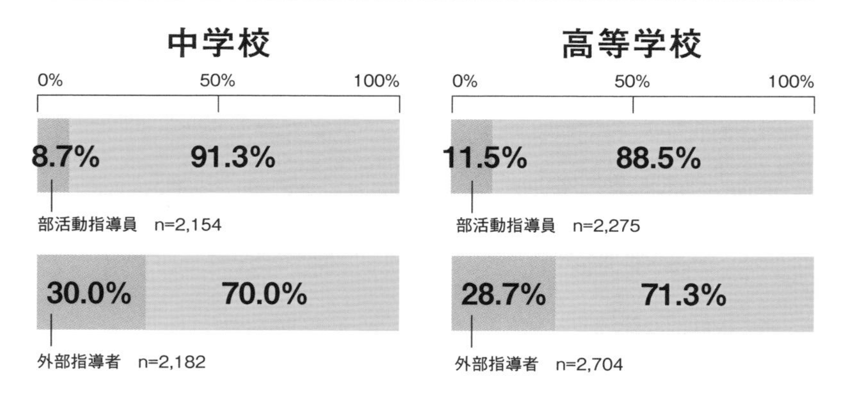

※部活動指導員　学校教育法施行規則に規定された、校長の監督を受け運動部活動の指導や引率等を行うことを職務とする方
※外部指導者　「部活動指導員」以外の方で、運動部活動の実技指導をしている方（指導頻度、報酬の有無は問わない）

「学校運動部活動指導者の実態に関する調査報告書」日本スポーツ協会指導者育成委員会 P15を基に作図

スポーツ庁が示す総合的なガイドライン

部活動が地域移行するという変革期を迎えるなか、スポーツ庁は環境整備や指導方法に関してガイドラインを策定しました。その詳細を知り、部活動を指導するにために必要なことを理解しましょう。

中学生の部活動を対象としたガイドライン

2018年に、スポーツ庁が「運動部活動の在り方に関する総合的なガイドライン」を発表しています。

このガイドラインは「義務教育である中学校（中略）段階の運動部活動を主な対象とし、生徒にとって望ましいスポーツ環境を構築するという観点に立ち、運動部活動が（中略）地域、学校、競技種目等に応じた多様な形で最適に実施されること」を目指してつくられたものです。

ガイドラインには、①適切な運営のための体制整備、②合理的でかつ効率的・効果的な活動の推進のための取組、③適切な休養日等の設定、④生徒のニーズを踏まえたスポーツ環境の整備、⑤学校単位で参加する大会等の見直し、の５項目について提言が行われています。

次のページ以降に要点をまとめていますが、部活動の指導に関わるのであれば、知っておかなければならないことです。ぜひ、ガイドラインそのものをじっくり読んで確認してみてください。

① 適切な運営のための体制整備

・都道府県がガイドラインに則り、「運動部活動の在り方に関する方針」を策定する。そして、学校の設置者がその方針を基に「設置する学校に係る運動部活動の方針」を策定する。さらには、校長が毎年度、「学校の運動部活動に係る活動方針」を策定し、運動部顧問は、年間の活動計画並びに毎月の活動計画および活動実績を校長に提出する。

・指導・運営に係る体制の構築について、学校の設置者は各学校の生徒や教員の数、部活動指導員の配置状況や職務分担の実態等を踏まえ、部活動指導員を積極的に任用する。

・部活動指導員の任用にあたっては、学校教育について理解し、適切な指導を行うために、部活動の位置付け、教育的意義、生徒の発達の段階に応じた科学的な指導、安全の確保や事故発生後の適切な対応、生徒の人格を傷つける言動や体罰はいかなる場合も許されないことなどに関して、任用前および任用後の研修を行う。

② 合理的かつ効率的・効果的な活動の推進のための取組

・文部科学省が作成した「運動部活動での指導のガイドライン」に則り、生徒の心身の健康管理、事故防止および体罰などのハラスメント根絶を徹底する。

・運動部顧問はスポーツ医・科学の見地から、トレーニング効果を得るための適切な休養の必要性、過度な練習によるスポーツ障害・外傷のリスクを理解し、それらが必ずしも体力・運動能力の向上につながらないことを理解する。

・専門的知見を有する保健体育担当の教員や養護教諭らと連携し、発達の個人差や女子の成長における体と心の状態などに関する正しい知識を得たうえで指導する。

③ 適切な休養日等の設定

・運動部活動における休養日および活動時間について、成長期の子どもが、運動、食事、休養および睡眠のバランスの取れた生活を送ることができるよう、スポーツ医・科学の観点からジュニア期におけるスポーツ活動時間に関する研究も踏まえ、以下を基準とする。

○学期中は、週あたり2日以上の休養日を設ける。平日は少なくとも1日、週末は少なくとも1日以上を休養日とする。週末に大会参加等で活動した場合は、休養日を他の日に振りかえる

○長期休業中の休養日の設定は、学期中に準じた扱いを行う。また、生徒が十分な休養を取れるとともに、部活動以外にも多様な活動を行えるよう、ある程度長期の休養期間を設ける

○1日の活動時間は、長くとも平日では2時間程度、学校の休業日（週末を含む）は3時間程度とし、短時間で合理的かつ効率的な活動を行う

④ 生徒のニーズを踏まえたスポーツ環境の整備

・校長は、生徒の1週間の総運動時間が男女ともに二極化の状況にあること、生徒の運動・スポーツに関するニーズは、競技力の向上以外にも、友だちと楽しめる、適度な頻度で行えるなど多様であることを踏まえ、それに応じた活動を行える運動部を設置する。

・地方公共団体は、少子化に伴い、単一の学校では特定の競技の運動部を設けることができない場合には、生徒のスポーツ活動の機会が損なわれることがないよう、複数校の生徒が拠点校の部活動に参加するなどの取り組みを推進する。

・都道府県、学校の設置者および校長は、生徒のスポーツ環境の充実の観点から、学校や地域の実態に応じて、地域のスポーツ団体との連携、保護者の理解と協力、民間事業者の活用などによる、学校と地域がともに子どもを育てているという視点に立ったスポーツ環境整備を進める。

⑤ 学校単位で参加する大会等の見直し

・公益財団法人日本中学校体育連盟は、主催する学校体育大会について、単一の学校からの複数チームの参加、複数校合同チームの全国大会等への参加、学校と連携した地域スポーツクラブの参加資格のあり方などについての見直しを速やかに行う。

第2章

組織づくりのメソッド

組織づくりの基本
組織の成長方法
問題の解決方法

青山学院大学 地球社会共生学部 教授
陸上競技部長距離ブロック監督
一般社団法人アスリートキャリアセンター代表理事

Hara Susumu
原 晋

パワーと影響力について

実際に部活動の運営を託されたとき、どのようにすべきなのでしょうか。指導者には必要とされる資質や能力があります。本章では、それらを具体的に理解しながら、部活動の組織づくりについて学んでいきましょう。

協調性と同調性の違い

協調性と同調性について理解しておきましょう。協調性とは、利害や立場が相反する者同士が、互いに譲り合い、調和しようとすることをいいます。自分の意見を述べたうえで、譲り合ったり、助け合ったりし、利害を一致させていきます。

一方、同調性とは、ほかの者に調子を合わせることをいいます。自分の価値観や考え方を強く主張せず、相手に調子を合わせて賛同することで、円滑な組織をつくり出します。

従来の日本社会のなかでは、自分の意見を主張することなく、周りに合わせる同調性が求められてきましたが、これからの社会では自分の意見を述べたうえで、相手とすり合わせていく協調性が求められるようになっていきます。組織の考え方に合わせて動くのではなく、自らの意見を主張したうえで、あるべき姿を模索していく運営が求められるのです。そのような組織運営をするためにはリーダーシップとマネージメントが必要となります。

リーダーシップとマネージメント

まず、リーダーシップとマネージメントの違いについて確認しておきましょう。リーダーシップとは、ビジョンを達成するために動機づけをし、鼓舞させるための人間の本質的事項（価値観や欲求）見極めること、そして、さまざまな障害を乗り越えられるよう組織を正しい方向へと導くことです。

一方、マネージメントとは、組織に秩序をもたらすこと、組織に必要な要素の分析や管理を適切に実行し、集団活動を維持し促進することです。

組織をマネージメントするためには、「人」「もの」「金」「情報」をどのように組み合わせていくかを考える必要があります。　役割を複数人で分担する場合もありますが、基本的には部活動を率いるスポーツ指導者には、リーダーシップとマネージメントの両方が求めらます。

行使する際のパワーと影響力

子どもたちと円滑なコミュニケーションをとり、モチベーションを引き上げ、組織が目指す場所へと牽引するリーダー。それから、チームの目標設定、組織運営、予算管理、安全管理などを行うマネージャー。部活動の運営にはどちらも欠かすことができません。

では、多くの人を巻き込みながら目標を達成するために必要なリーダーシップを発揮するためには、どうすればいいのでしょうか。

組織を牽引していくためには、パワーと影響力について知っておく必要があります。パワーとは、端的にいうと、人々に物事を実行させる潜在的な能力。影響力とは、パワーを活用し、人々を実行に向けて動かそうとするプロセスと実際の行為・行動になります。

指導者がいくら正しいことを言い続けたとしても、人が動いてくれるとは限りません。また、近年は社会環境における複雑性が高まり、人や組織を動かす難しさは一段と増しています。

学校や地域と連携し、保護者とも良好な関係を保ちながら、個性が多様で

参考：「パワーと影響力」グロービス学び放題

志向や体力にも差がある子どもたちをまとめていくのは、想像以上に大変な作業でしょう。大きな目標や志を実現していくためには、パワーや影響力を効果的に行使し、人を動かす術（すべ）を学んでおく必要があるのです。

求める人材とマネージメント方法の時代による変遷

	事　項	正解が確認できるこれまでの時代	正解が読めないこれからの時代
求める人材	優秀なチーム	早く、確実にミスがないチーム	模索・挑戦し失敗や実践から学ぶ
	必要な人材	いわれたことをきちんとこなせるやりぬく力	変化を感じ、工夫や想像することができる朝令暮改を容認し決断する力
	コミュニケーション	トップダウン（君臨型）	さまざまな視点からの素直な対話(サーバント型)
マネージメント	目標設定の仕方	対前年度何％向上	自走する意義ある方向性を設定
	予算の配分	平等を基本とする一律型	模索と実験・チャレンジ提案型
	努力の源泉	「弱み」を補い不安と罰を与える	「強み」を生かし支え合いながら努力
	チームへのスタンス	今この一瞬を大切に	未来への仕組みをつくろう

時代に合わせたリーダーシップとマネージメント

表に記載のとおり、コミュニケーション方法が君臨型からサーバント型に移行するなど、時代背景が変わるなか、求められるリーダーシップとマネージメントの内容は変わってきています。それぞれの時代に合わせたリーダーシップとマネージメントが必要なのです。

02 人をどのように動かしていくのか

パワーと影響力を活用して人を導くことについて言及しましたが、それらを活用するために理解しておかなければならない実行までのプロセスについて見ていきましょう。

パワーと影響力の活用方法

パワーには、大きく分けて「公式の力」、「個人の力」、「関係性の力」の３つがあります。

何がどの程度あるかは、組織や組織を率いるリーダーによって異なるものですが、このパワーを源泉にしながら、“影響力の武器”を活用し働きかけることで、相手が感情や価値観、もしくは合理的な判断から、あるいは無意識に反応し、行動を起こします。

パワーと影響力について考え、それぞれを強化していくと同時に、戦略を立てて実行することで、相手を動かす精度は高まっていきます。

人を動かすためには、「ありたい姿を描く」→「状況を分析する」→「基本スタンスを定める」→「アプローチを考える」→「実行する（反応を見る）」という５つのステップがあります。

この５ステップを繰り返し、パワーと影響力を活用しながら、組織を運営していけば、自ずと目標達成に近づいていくはずです。

参考：「パワーと影響力」グロービス学び放題

指導者が活用すべき６つの影響力の武器

影響力については、次の６つが指導者にとっての武器となります。

① 返報性

恩恵を受けたら報いなくてはならないと感じること。実績を積み重ねることで、より強固なものになってきます。

② 社会的証明

他人の行動を指針とすること。地域にあるトップチームや、実績のあるアスリートやドクターらと連携していくことで高めることが可能。

③ 好意

好意をもつ相手ほど賛同したくなること。熱心さや思いやりなどから好意をもたれていれば、相手への影響力は高くなります。

④ 権威

専門家の指示を仰ごうとすること。スポーツ指導に必要な多くのことを学ぶ姿勢や、資格や免許の獲得が役に立ちます。

⑤ 希少性

手に入れにくいものほど求めたくなること。最先端のノウハウをもっていることや、ユニークな経歴などが助けになります。

⑥ コミットメントと一貫性

自分のコミットメントしたことに一貫した行動をとろうとすること。組織の理念を理解し貫くこと、指導者の誠実さが影響力の向上につながります。

参考：『影響力の武器』ロバート・B・チャルディーニ（誠信書房）

人を動かすための５つのステップ

ありたい姿を描く

理念を掲げ、行動指針を定め、中長期的ゴールを設定し、ビジョンを描くことです。

状況を分析する

自分の置かれている立場や環境と相手との関係性を把握し、相手のニーズや課題を分析すること。自分のパワーの源についても正しく把握する必要があります。

基本スタンスを定める

相手のニーズや課題に対してどのように挑むのかを決定すること。協力を請うのか、はたまた闘いを挑むのか。もっている力を行使するのかしないのか。そういったことを定めます。

アプローチを考える

組織の状態、相手のスキルや個性に合わせて手法を使い分けることです。アプローチの方法を複数もっていれば、状況に応じた最適なやり方で臨むことができ、成功率を上げることができるでしょう。

実行

そして、最後のステップとして実行に移すわけですが、それがうまくいけば、結果的にさらなるパワーを獲得することにつながります。もし、うまくいかなかった場合は、ステップをさかのぼり、点検し、再挑戦するという手順を踏みます。

人を動かすための５つのステップ

ありたい姿を描く → 状況を分析する → 基本スタンスを定める → アプローチを考える → 実行する（反応を見る）

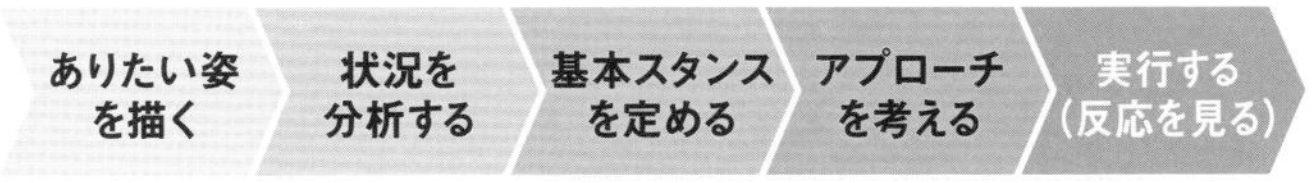

戦略を立てて実行することで、相手を動かす精度が高まる!!

参考：「パワーと影響力」グロービス学び放題

組織づくりに必要なもの

部活動の組織づくりにおいては、堅固な土台を築き上げなければなりません。部活動の組織にはどのような土台が必要とされるのか。青山学院大学 駅伝チームを例に解説します。

部活動の組織づくりにおける５つの土台

組織をつくり、運営していくうえで、土台となるのが「チーム理念」「行動指針」「ビジョン」「評価基準」「具体的施策」です。

土台がしっかりとしていなければ、少々のトラブルで瓦解してしまうことになります。建築物も組織も、強固な土台なくして、あり続けることはできません。

組織をつくるにあたり、まず必要となるのが、理念と行動指針、そしてビジョンを定めることです。

チーム理念の具体例

青山学院大学 駅伝チームを例にとって、具体的に説明しましょう。まず、チームの理念は次の３つになります。

箱根駅伝での勝利も重要ですが、青山学院大学 駅伝チームの理念としては、勝敗に関係のないものを設定しています。部活動においても勝敗に関わらない理念を設定しておくことも必要です。

青山学院大学 駅伝チーム理念

1. 箱根駅伝を通じて社会に役立つ人材育成
2. 大学駅伝界の勢力図を変え、業界のイメージアップづくり
3. 駅伝を通じて青山学院の一体感をつくる

チームの運営は、この理念に則って行われています。チームとして何か新しいことにチャレンジする際も、変化を加えるときも、まず理念に合ったものなのかを確認することになります。

理念がないことでチームのメンバー全員が同じ方向を向いて活動を行うことができなくなります。

大層な理念を掲げても指導者の行動が伴っていなければ、部員たちはついてきませんし、周囲の協力は得られないでしょう。

理念については、部活動の母体となる学校や地域が定めたものがあれば、それに則って活動していくことが求められるでしょうし、新しく組織をつくるのならば協力者とともに理念を構築していく必要があるでしょう。また、部活動に参加する子どもたち、その保護者とも共有しておくことが重要です。

行動指針の具体例

続いて行動指針ですが、理念のもと、具体的にどのような思いで日々の行動に取り組んでほしいかを落とし込んだものになります。行動指針として、私、原晋が青山学院大学 駅伝チームの監督に就任して以来、選手に伝え続けていることが3つあります。

選手たちは練習時だけでなく、寮生活、大学での勉強を含め、この行動指針を肝に銘じながら日々の生活をしてくれています。

青山学院大学 駅伝チーム　行動指針

- 感動を人からもらうのではなく、感動を与えることのできる人間になろう。
- 今日のことは今日やろう、明日はまた明日やるべきことがある。
- 人間の能力に大きな差はない。あるとすれば熱意の差だ。

ビジョンをもつ重要性

続いてビジョンについてです。こちらも青山学院大学 駅伝チームを例に挙げるなら、監督就任時に「10年後に箱根駅伝で優勝争いをするチームを目指す」というビジョンがありました。

そして、そこに到達するために、まずは予選会を突破して箱根駅伝に出場すること、次にシード権を獲得して箱根駅伝の常連となるという道筋を描いていました。

もちろん、中学校における部活動は、必ずしも試合に勝つことは優先されません。ですが、5年後、10年後に組織やチームがどのようになっていることを理想とするのか。そのビジョンをもつことはとても重要です。

ビジョンを明確にすることで、何をしなければいけないかがはっきりとするからです。

評価基準を明確にする意義

次に、評価基準についてです。部活動を運営するうえで、1人ひとりの子どもに可能な限り試合を経験させてあげたいというのは、多くの指導者に共通する気持ちでしょう。

しかし、どうしてもレギュラーメンバーを決めなければならない、試合に出場する子どもを選ばなければならない場面はあります。その際に必要なのが、メンバーを選出するための明確な評価基準です。

指導者の好みでレギュラーメンバーを決定していては、ほかのメンバーからの不満が続出しかねません。指導者には説明責任がありますので、レギュラーメンバーを決めた際には、ほかのメンバーに説明できる基準がなければいけません。そのため、チームのすべての部員に評価基準を共有する必要があります。

指導者が評価基準を明らかにし、部員と共有しておけば、不公平感は薄れますし、生徒たちも自分が何をすべきなのかが明確になります。

青山学院大学 駅伝チームの場合、箱根駅伝のエントリーメンバーに選ばれるためには、絶対値、夏合宿消化率、直前の状態を基準とし、最終的にはそこにコースとの相性を加味して、区間配置を決めています。

絶対値というのは、5000メートル、10000メートル、ハーフマラソンの自己記録と、学生三大駅伝（出雲駅伝、全日本大学駅伝、箱根駅伝）やインターカレッジなどの大会での成績になります。

青山学院大学 駅伝チームは、現在、夏に三度の合宿を行っています。この夏合宿でどれだけ練習を消化できたかのデータを取り、それを箱根駅伝エントリーのための評価の１つとしています。

直前の状態とは、11月中旬に行われるハーフマラソン大会、11月下旬の10000メートルの記録会、12月上旬の選抜合宿での成績や練習内容のことです。

この３つの基準でエントリーメンバーを選び、大会10日前からの体調をチェックして、実際に箱根駅伝を走る10名を選出しています。

チーム理念に沿った評価基準づくり

何を基準とすべきかは、競技によって当然異なりますし、チームが何を目指しているかによっても違うでしょう。

たとえば、チームの理念としてチャレンジ精神の育成を掲げているのに、チャレンジした結果による失敗について評価をしない指導は、理念に反した行為といえます。いずれにせよ、チームの理念に沿って指導者が評価基準をつくり、それを部員たちとシェアすることが重要です。

プロセス管理を疎かにしない

理念、行動指針、ビジョンといった土台となるものを策定したら、実際に日々の運営が始まります。その日々の運営が土台に則って、正しく行われているか確認しながら進めなければなりません。その確認方法にはどのようなものがあるのでしょうか。

正しく進捗しているかプロセスを管理する

土台として理念や行動指針、ビジョンをもっていても、ビジョンに正しく組織が向かっているかを都度、確認する必要があります。

1年間を通したスローガンや目標設定、それを達成するために毎月何をしていくのか、そして日々どう準備をして、どんな練習をしていくのか。これらを十分に練り上げなくてはなりません。

1年間のスローガンや目標の設定

2019年度、青山学院大学 駅伝チームでは「万緑の挑戦〜0から1へ〜」というスローガンを掲げ、競技面の目標に箱根駅伝優勝と駅伝力の向上、生活面の目標に基本の徹底と縦と横のつながりの重視を設定しました。

年間の目標については、もちろんチーム状況や外的要因に沿ったものでなくてはなりません。当たり前のことですが、全国大会に出場したことのないチームが、全国大会優勝を年間の目標として掲げても、それは目標ではなく妄想になってしまいます。

そして、定めた年間の目標に向けて、各々が正しく歩を進めているか。これも定期的に見定めていく必要があるでしょう。

青山学院大学 駅伝チームのプロセス管理術

青山学院大学 駅伝チームの場合は、月間走行距離、「青トレ」と呼ばれるコアトレーニングの習得度、それから目標管理ミーティングなどで、いわゆる KPI（Key Performance Indicator ／重要業績評価指標）のマネージメントを行っています。

月間走行距離は、長距離ランナーのトレーニングの重要な要素の１つであり、どれだけ走れているかのわかりやすい指標となります。青トレについては習得度を４つのステップに分け、それぞれの選手がどの段階にいるのかを可視化できるようにしています。

マネージメントは感覚で判断するのではなく、走行距離などの数値や習熟度などのステップのように可視化できるかたちにすることが重要です。

そして、目標管理ミーティングは、ビジネスの現場から陸上界に持ち込んだノウハウの１つで、自主性を重んじるチームの基盤となっています。

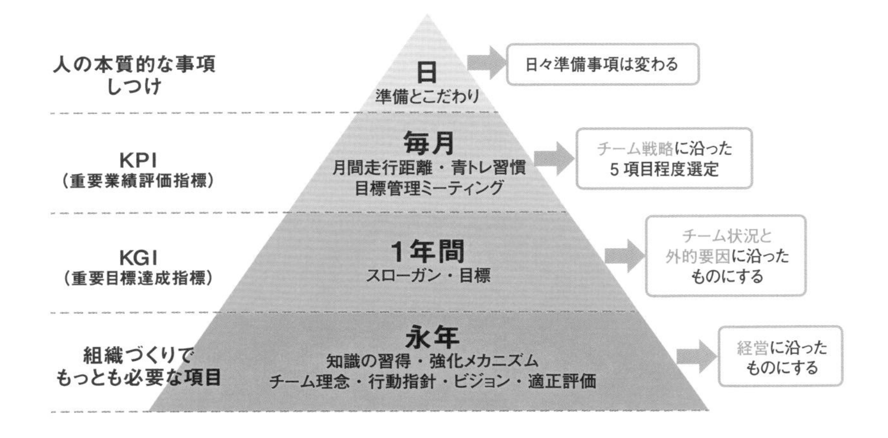

設定した目標を競技者とも共有

もちろん、多くの部活動でも何らかの目標を設定し、それに向かって日々の練習をしていると思います。

しかし、目標が指導者の頭の中だけにあり、生徒たちが目標について具体的に意識することがなければ、その目標は“絵に描いた餅”になってしまいます。

生徒たちそれぞれの目標に対する意識が希薄だと、何も考えずに指導者の言うことを聞いているだけになってしまいます。それでは活動の役割である、生徒の生きる力の育成、豊かな学校生活の実現、生徒の自主的・自発的な活動の場の充実といったことは望めないでしょう。

目標設定と分析の習慣化

試合ごとに目標を設定し、試合後に結果に対しての報告書を作成していくことも重要です。成長のためには、成功体験を積み重ねることが大事なので、小さな大会からでも、個人の状態を把握して、目標設定をすること、そして、その結果を分析することを習慣化させることが必要になります。

目標は必ずしもチームの基準に合わせるのではなく、自らの現状にあったものを設定することが重要になります。

05 目標管理ミーティングを行う意義

定めた目標を子どもたち一人ひとりが理解し、意識を高められるように努めなければなりません。そのために目標管理ミーティングを行いましょう。ここでは、その具体的な進行方法について言及します。

目標を共有して練習の目的を明確化

目標が曖昧なチームの場合、たとえば、子どもがグラウンドや体育館といった練習場に着くまで、どんな練習をするのかが示されていなかったりします。

もちろん、細部については、当日の子どもたちのコンディションや出欠状況などに合わせてアレンジする必要がありますが、直前まで何をするかわからない状態では、子どもたちは練習の目的を理解できないうえに、練習のための準備もできません。

同じメニューであっても、試合前の調整の時期なのか、強化をする時期なのかで練習の目的やペース・強度が変わってきます。正しく強化を行うためには、1カ月など中長期的な練習計画を提示し、各練習の意図を事前に伝える必要があります。

長距離走に例えると、それなりの量を走れば、スピードも持久力もつきますが、目的に対する意識が低ければ、どれだけ効果があるか疑わしいところです。練習を終えて満足するのは、指示どおりに練習をする子どもを見ていた指導者だけかもしれません。

目標管理ミーティングの進め方

部員全員が個々に目標を設定することが前提になりますが、目標に対する意識を高めるのが目標管理ミーティングです。組織が成熟した現在の青山学院大学 駅伝チームでは、部員同士が自発的に行うほどになっています。

もちろん、指導の対象が中学生なのか、高校生なのか、部活動が学校単位なのか、地域単位なのかでも方法は変わるでしょう。しかし、根本の部分は大きく変わらないので、参考にしてください。

自主性を重んじる指導管理ミーティング

目標管理ミーティングでは、まずランダムに5、6人のグループをつくります。ランダムとは学年や競技レベル、ポジション（野球やサッカーなどポジションがある競技の場合）などで区別しないということです。

そのうえで、それぞれが設定した目標の達成のための練習計画について話し合い、より達成可能な計画に仕上げていきます。

行う頻度は1カ月に1回程度が目安です。翌月には目標に対しての振り返りのミーティングも行い、各自が達成度も数値化させます。数値化させた目標を記載することで達成度合いを振り返りやすくなります。

目標と振り返りはチーム全員が見えるところに張り出し、各メンバーの記載内容を全員がチェックできるようにします。全員が見られることで、それぞれが立場や状況が把握でき、将来のイメージが描けるようになります。

ランダムなグループというのが、目標管理ミーティングの肝心なところです。まず、それぞれの置かれた立場や状態、年齢が違う部員が集まることで、目標を客観的に見直すことができます。そして、大きな目標に向けてチームに一体感が生まれます。仮に主力メンバーだけ、学年ごと、故障者のみといったグループにすると、チームが分断されてしまいます。学年や立場が違ったとしても、フラットに意見を言い合うことが重要になります。

学年が違う部員がそろうことで、1年生は目標管理ミーティングがどういうものかを理解する機会になりますし、一方で、上級生はリーダーとしての立場を経験する機会になります。

目標管理ミーティングでの記入例

～個の糸紡いで織り成せ！深緑の襷～

氏名＿＿＿＿＿＿＿＿＿＿

12月の目標

『一つの悔いも残さない取り組み』

＜具体例＞

・5km×2本 ⇒ 14'30－14'10以内、余裕を持たせる。

・疲労をためない努力
　・一日60分以上のケア
　・練習後、プロテイン摂取
　・休養日、温泉で交代浴
　・朝・夕の食事に＋αでたんぱく質とビタミンC
　・22時台に就寝

・故障予防、体調管理
　・保温の意識
　・治療、パーソナルの積極的活用
　・就寝前、ベーシックケア

・考えすぎない。やるべきことをこなしていく。

――ルール――

- 月に1回程度
- ランダムな5、6人のグループ
- 学年や能力差で分けない

――内容――

- 先月の反省と助言
- メンバー変更
- 目標と具体案の発表
- 各目標と具体案に対する指摘

組織の成長ステージを意識する

すべての子どもたちが目標を理解して高い意識をもつには、堅固な組織づくりが欠かせません。組織を高い水準に導くには、段階的な指導が必要となります。青山学院大学 陸上競技部を例に、それぞれの段階とその指導法を学びましょう。

コーチングの前にすべきこと

強い組織をつくるためには、コーチングの前にティーチングが必要です。初期段階でコーチングをしてもおそらく効果はないでしょう。

なぜなら、未熟な組織では、どのように行動すれば目標に到達できるかがわからないからです。

目標を実現するためには何が必要で、自分たちは何をすべきなのか、具体的に教える段階がなくてはなりません。

やり方を知らない人たちに自主性を与えても、どうしたらいいのかわからないうえに、間違った方向へ行く可能性があります。ピアノで何かを表現するにしても、まずは弾き方を覚えなければならないのと同様です。

組織づくりにおける４つのステージ

私が青山学院大学 駅伝チームの監督に就任してから、どのように組織が成長、進化していったのかをお伝えしたいと思います。理想の組織にたどり着くために、何が必要なのか。そのヒントが見つけられるでしょう。

今では部員が自発的に行っている目標管理ミーティングですが、監督就任当時は、それぞれのグループに入り込んでは、「それは考え方が違う」「この課題に対する解決策はこうだ」と1つひとつ説明をしていました。

監督就任から2023年で20年、今振り返ると、組織には4つのステージがあり、それに合わせて指導の方法も変化してきました。そのステージについて紹介したいと思います。

4つのステージ

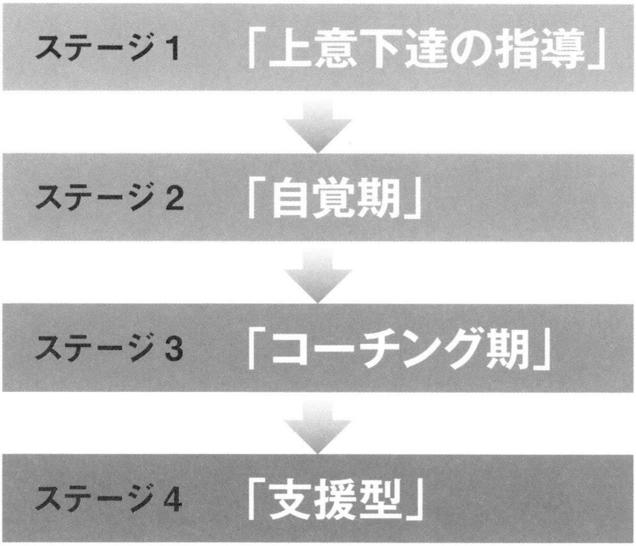

ステージ1 「上意下達の指導」

↓

ステージ2 「自覚期」

↓

ステージ3 「コーチング期」

↓

ステージ4 「支援型」

・ステージ1「上意下達の指導」

部員に知識や技術を細かく伝えるティーチングの段階です。まだ十分に組織化できておらず、監督対部員という“1”対“枠”の関係性でした。

各ステージの指導には光と影があります。監督の指示によって全員が動くチームであるため、規則や方向性を徹底させ、チームや組織の土台をつくるのには適していると考えられます。チームの基本方針を的確に伝えることができ、チームを同じベクトルに向かわせることが比較的容易です。目標設定や練習内容に問題がなければ、一定の成果は必ず得られるでしょう。

一方で、部員が監督の指示どおりにしか動かなくなってしまうので、個性や自主性の喪失、考える能力が育たないといったことが起こります。また、指導する側がチームを支配するために、威圧したり、体罰を行ったりする可能性もゼロではありません。

ステージ1　初期　上意下達の指導

➡「監督対部員」1対「枠」の関係
組織化されていない状態

➡ ティーチング
その業界の「核」となる部分を徹底させる
(長距離走では「規則正しい生活」を徹底)

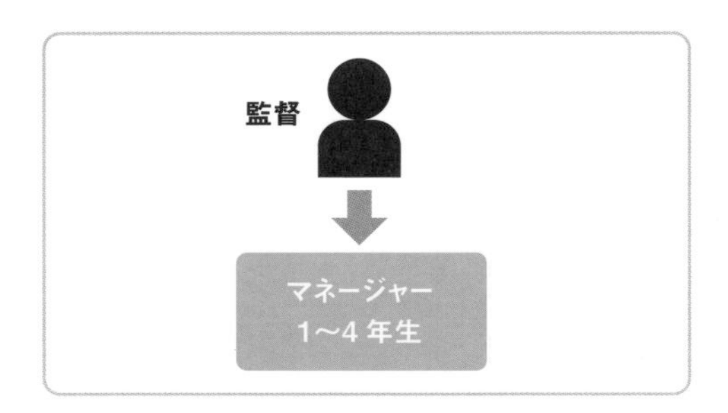

・ステージ２「自覚期」

監督が学年長（代表者）に指示を出し、学年長が部員に伝えて動くチームです。ステージ２では、各学年のリーダーたちに自覚が生まれ、考える能力などの大きな成長が見込めます。一方で、ステージ１と比較して監督の方針が末端まで行き届かなくなる可能性があります。また学年間のつながりも希薄になる傾向があります。

少し組織化はされますが、監督が指示を出して行動するという点で、本質的にはステージ１の上意下達の指導方法とあまり変わらない状態です。そして、リーダーに任命されなかった部員はまだ積極的に動くことはありません。

ステージ２ 自覚期

➡「監督と各責任者」と選手たちの関係

➡ **スタッフの構成**　少しずつ組織化されてくる

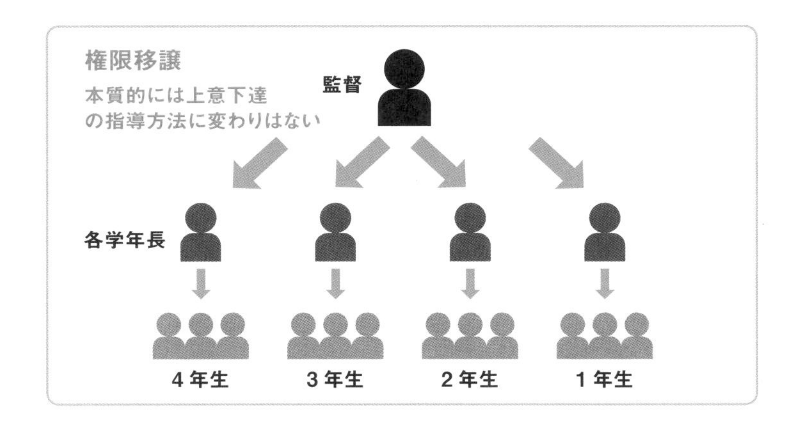

・ステージ3「コーチング期」

監督は各学年長にキーワード（問いかけ）を伝える、コーチング的要素が強くなるステージです。学年長と部員がともに考えながら動くチームになります。

ステージ1と2に比べると、多くの部員が自身の力で考えて競技に取り組むため、生活や競技そのものが楽しく充実したものになるでしょう。

ステージ1と2における影の部分のほとんどが改善されますが、自主性と自由を履き違え、軽い空気がチームに蔓延する恐れがあります。ステージ1と2を飛ばし、いきなりステージ3から組織をつくろうとすると、ただ自由なだけの適当なチームとなってしまうリスクがあるので注意が必要です。

とくに中学生、高校生を相手にする場合は、ある程度のティーチングが必要ではないかと考えられます。

ステージ3 コーチング期

➡ **監督は各学年長にキーワード（問いかけ）を伝える**
コーチング的要素が強くなる

➡ **部員たちは縦横の関係を築き、考えるようになる**

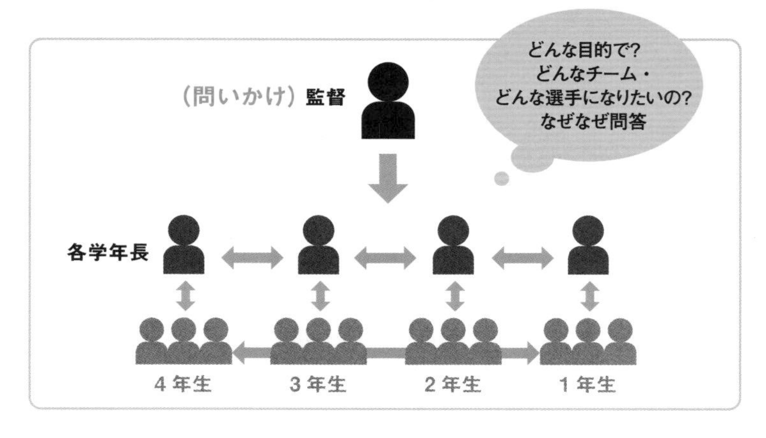

・ステージ4「支援型」

監督が外部指導者も巻き込みながら、チーム、選手に対して手助けとなるのが、支援型の組織運営です。選手の自主性とチームの自律を求めるスタイルです。

主務とはマネージャーのリーダーです。学生の責任者であり、チームの運営を仕切っています。選手と監督やコーチ、外部スタッフの中間に入り、円滑にチーム運営ができるように統括する存在です。

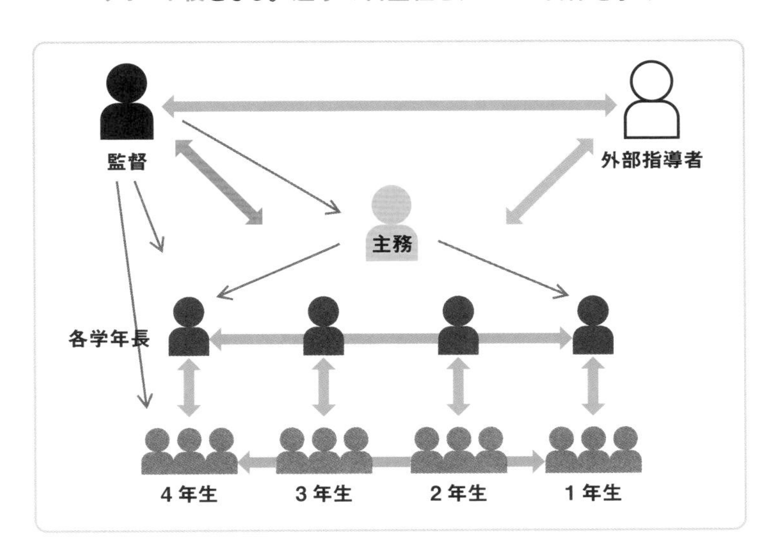

ステージ4 支援型
➡ 監督は外部指導者も巻き込みながら、チーム、選手に対してのサポート役となる。選手の自主性とチームの自律を求める
監督
外部指導者
主務
各学年長
4年生
3年生
2年生
1年生

自立から自律へ

まず求められるのは、定型化された問題に対して答えを出すことのできる「自立」です。

答えがわかる問題に対しては、自立した選手を育てることでよかったのですが、答えがわかりにくく、何が正解かわからなくなっている現代においては、自ら課題を発見して解決できる能力が必要となってきます。

課題を発見し、解決に向けて目的を設定することができる、いわゆる自分自身を律することのできる「自律」した選手の育成が重要なのです。

自律を促すためには、ミスを区別して、内容によっては評価をしていくことが大事です。

ミスの種類を判別する

ミスには「シンプルミス」「システムミス」「チャレンジミス」の３種類があります。

シンプルミスは横着や勉強不足などから起こる防ぐことが可能なミスで、発生した場合には個別に指導をする必要があります。

システムミスは目標が妄想であることや報告制度が複雑になっていることなどから起こるメカニズムの影響によるミスで、そもそもの仕組みや外的要因について検討し直すことが必要になります。

チャレンジミスは新しくチャレンジしたことによるミスで、真剣に向き合った結果のミスは責めずに、場合によっては褒めて評価をすることが必要となります。

失敗したことをすべてひとくくりで注意していると、チャレンジさえしなくなる可能性があります。シンプルミスは当然起きないように厳しく指導していくべきですが、チャレンジミスについては容認し、自ら考える機会をつくることが重要です。

07 ミーティングの在り方と活用方法

組織を運営していくためには、コミュニケーションが必要です。指導する子どもとだけでなく、状況に応じてさまざまな人たちとミーティングを行わなければなりません。ミーティング自体の目的を達成できるように、その方法論について理解を進めましょう。

ミーティングは目的に応じて方法論を使い分ける

ミーティングや会議は、円滑に組織を運営していくために欠かすことができません。部活動の顧問であれば、子どもたちとはもちろん、関わっている外部スタッフ、学校や地域、ときには保護者ともミーティングを行う必要があるでしょう。

しかし、闇雲（やみくも）にミーティングを行っても、参加者の時間を浪費するだけで、目的を達成できないことが想像できます。

ミーティングの基礎的な方法論を知り、状況に合わせて使い分けることができれば、ミーティングはスムーズになると同時に、参加者たちとの信頼関係を構築することにもつながります。

青山学院大学 駅伝チームを例に挙げると、ミーティングには大きく分けて、情報共有型、結論共有型、ブレインストーミング型の３つがあります。

それぞれどのように使い分けているのかをお伝えしましょう。

・情報共有型ミーティング（全部員）

部内で情報を共有するためのミーティングです。まず結論を伝え、その理由を説明し、具体例を示します。そして結論を持ち帰ったうえで、個々がどうするかを考えてもらいます。

基本的には一方的に情報を全メンバーに伝達するためのミーティングになります。たとえば１カ月の練習メニューなどを提示し、各練習の意図を説明し、全員で同じ情報を共有するためのミーティングです。

・結論共有型ミーティング（スタッフ）

コーチやスタッフとのミーティングの際に、よく用いる手法です。まず監督としての意見を伝え、その理由を伝えるとともに仮説を提示します。

それについて、参加者それぞれから忌憚（きたん）のない意見をもらって議論を進め、結論を導き出すという方法です。

このミーティングでは議論を行いますが、最終的に結論をまとめることが重要です。議論をしながら、チームをマネージメントするメンバーで方向性を定めていく必要があります。

・ブレインストーミング型ミーティング

アイデア出しや問題提起をし、それについて自由に議論を交わします。多くの意見やアイデアが出ることが求められるので、「相手を批判しない」「思いついたら即発言する」「どうしたら実現できるかを提案する」といったルール設定が必要でしょう。

このミーティングの議題は正解のないものなので、いちからアイデアを出し合うことが重要です。チーム目標を定めるときなどに活用します。

08 能力アップのための5ステージ

指導者は個々の能力を向上させる役割も担います。その能力アップには段階があります。それを理解して指導することで、個々の成長は著しく変化するでしょう。では、5つに分類される能力アップの段階とはどのようなものでしょうか。

能力向上までの5ステージ

人が何かを学び、それを実際に自分のものとするためには、5つのステージがあります。それは部活動のスキルでも、ビジネスのスキルでも同じです。それぞれのステージの違いを知り、自分が今どのステージにあるのかが理解できれば、何をすべきなのかが自ずとわかってきます。

その5つのステージとは、次のようなものになります。

1. 知ること
2. 理解すること
3. 行動すること
4. 定着させること
5. 相手に教える・伝えること

「知ること」と「理解すること」の違い

まず、「知ること」と「理解すること」には大きな差があります。たんに情報や知識を頭に入れているだけでは、その情報や知識をうまく活用することはできません。理解をするためには、理屈や構造までわかっていなければなりません。

「行動」を繰り返して「定着」へ

得た知識を理解し、実践に移すのが「行動すること」になります。そして、「行動すること」から「定着させること」のステージに移るためには、繰り返しトレーニングをする必要があります。“やる”と“できる”がまったく違うことはいうまでもないでしょう。

「伝える」ためには高い解像度が必要

そして、最後のステージが「相手に教える・伝えること」になります。人に教えるためには、理解度や学習度が深く、伝える物事についての解像度が高くなければできません。

曖昧な部分を再確認・再学習しなければなりませんし、整理・体系化する必要もあるでしょう。場合によっては、説得力をもたせるための実績や、技術の成熟度が必要になることもあります。

また、相手にわかりやすく伝えるための言語化能力や根気、熱意も必要です。上級生が下級生に知識や技術を伝える行為は、とても重要で、子どもたちの成長を促す行為でもあるのです。

「問題解決とは」を考える

組織を運営するうえで問題は必ず生じます。競技者個人においても同様で、その問題を解決していくことが成長や向上につながっていきます。ここでは、問題解決の方法について考えてみましょう。

問題とは目標と現実の間に存在する障害

問題とは、目標と現実（現状）の間に存在する障害（ギャップ）のことを指します。組織や個人の理想とする状態があるが、現状はそうではない。そのギャップが悩みであり、問題ということです。ということは、「理想とする状態を明確に思い描けていない」「今の状態がよくわからない」といった場合、問題解決は困難になります。

問題解決者であるリーダーは、問題解決に先立ち、まず理想や目標を明確にし、現状を的確に把握し、問題が「個人」にあるのか「組織」にあるのか特定しなければなりません。そして、問題は解決されても、常に生まれてくるものであることも心得ておきましょう。

問題解決能力とは、従来生まれもった才能ではなく、習慣によって磨くことができる能力です。問題解決能力を高める方法として、普段から関心のある出来事に触れ、問題の本質を掲げ、３つの課題と対策案を考えるという方法があります。

ポイントは、対策案を３つ考えるということです。１つだけを考えるのであればすぐにでも思いつきますが、３つ考えるためには、その出来事について深く知り、自ら考えなければなりません。日ごろから考えることを習慣化させることが必要です。そのほかにも、ドラマや漫才、スポーツを見ているときでも、自分事化して、各場面でどのような行動を起こすかを考えることで、日常的に問題解決能力を高めるためのトレーニングを行うことができます。

2つの問題解決行動

問題解決行動には、大きく分けて、良い状態を維持・継続するための維持解決行動（SDCA サイクル）と、改善解決行動（PDCA サイクル）の2つがあります。SDCA が基本となり、進化のためには PDCA が必要となりますが、これを両輪とし、リーダーやマネージャーは日常の管理活動で常に考えながら行動すべきでしょう。

SDCAサイクルとは

SDCA とは、Standardize（標準化）、Do（実行）、Check（確認）、Act（処置）の頭文字をとったものです。まず、標準を定め、その標準に基づいて練習を実施します。それがうまくいっているのかを定期的にチェックし、不具合がある場合は処置を行います。システムの設計そのものを変更するのではなく、システムの運用方法を変更して、システムの効率を向上させようとするのが、SDCA サイクルによるアプローチです。

PDCAサイクルとは

PDCA サイクルとは、Plan（計画）、Do（実行）、Check（確認）、Act（処置）の頭文字をとったものです。まず目的と目標を明確に決め、いわゆる5W1H（When、Where、Who、What、Why、How）を基本に、計画を練ります。次に計画に基づいて準備をし、それを実行に移します。場合によっては訓練も必要になるでしょう。そして目的・目標を達成できたのか、計画どおりに進んだのか、改善によってほかに不具合が出ていないかなどを確認します。良い結果が得られたところは今後も継続し（SDCA サイクルへ）、悪い結果の部分は改善を検討（PDCA サイクルへ）します。現状のシステム自体を変更してシステムの効率を向上させようとするのが、PDCA によるアプローチです。

維持解決行動（SDCA サイクル）

標準：Standardize

・定められた標準に基づき一般化させる

実行：Do

・業務を実施する

S D A C

処置：Act

・不具合が発生したとき処置を確実に行う

確認：Check

・管理尺度、管理水準によチェックを行う

改善解決行動（PDCA サイクル）

計画：Plan

・改善目的、管理項目、管理水準、そして実行手順（作業標準）などを決める
・達成に必要な計画を設定する

実行：Do

・教育訓練を行う
・実行手順どおりに実行す

処置：Act

応急対策と再発防止策を区別して処置

確認：Check

・改善管理水準は達成され
・ほかに不具合を与えてない

SDCAサイクルとPDCAサイクルとの関係

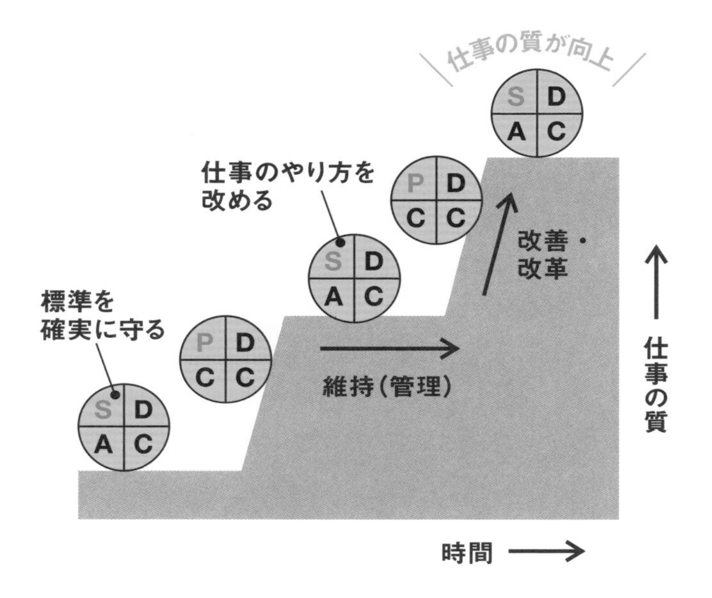

チームを管理していくためには標準化した規則が必要となります。そのため、日常の活動を維持していくためにはSDCAサイクルで一般化した決まりをつくることが必要です。

しかし、地域移行の問題でも挙げられているように、いつまでも同じ行動を続けているだけでは、時代などに合わなくなってきます。そこで定期的に現在の活動方法について見直し、PDCAサイクルも回し、行動を検証していく必要があります。

２つのサイクルを両輪で回していくことで、成長する組織をつくることができるのです。

どうして問題解決ができないのか

問題解決方法について前述しましたが、それでも解決できない問題が生じる可能性があります。そのときには原因を探りましょう。しっかりと原因を把握できれば、問題の解決につながるはずです。

問題解決できない場合の３つの原因

SDCA サイクルや PDCA サイクルを回しているつもりでも、うまく問題が解決しないということがあるかもしれません。問題解決がうまくいかない原因についても考えてみましょう。その原因には、次の３つが考えられます。

・価値観に起因するもの
・事実認識に起因するもの
・手段に起因するもの

価値観に起因する場合は……

価値観に起因するものとは、たとえば、人を奮い立たせる理想や目標のなさ、主体の不明確さ（最終責任者の不在、問題範囲の不明確さ）、当事者間での価値の不明確さ、当事者間での価値の未調整といったことが挙げられます。

チームや組織として何を理想とするのか、目標は何なのか、価値の優先順位はどうなっているのかといったことを共有していないと、問題解決が難しくなります。

参考：「問題構造化のプロセス」川瀬武志

事実認識に起因する場合は……

事実認識に起因するものとは、問題状況の理解不足、問題構造・要因属性・要因間関係に関する事実認識の誤り、先入観やコミュニケーションバイアスによる事実認識の誤り、事実認識が重要であるという認識の欠如、事実認識のための手段の欠如などが挙げられます。

問題解決のためには、状況を正しく認識することが不可欠です。問題そのものだけでなく、その周辺も含めてリサーチをし、正確な状況把握に努めましょう。

手段に起因する場合は……

手段に起因するものとは、解決手段の不在、アイデア不足、問題定義の不十分さ、問題の構造や大きさと手法の不適合などが挙げられます。

問題解決の困難さは比較的小さく、価値観に起因するもの、事実認識に起因するものが解決していれば、それに伴って解決できる可能性もあります。手段やアイデアについては、経験とともに増えていくものでもあります。

問題の原因がどこにあるかで解決の困難さも大きく変わってきます。とくに問題の解決が難しいのは、価値観に起因している場合です。価値観に起因している場合は誰が責任をとるのかはっきりしていない場合や、本当に問題を解決しようという意識が欠如しているなど、問題を解決しなければいけないという意志が低い場合があります。

事実認識に起因している場合は、問題を解決しようとする意志はあるが、どこに問題があるかを正確に把握できていないため、解決が困難になるケースがあります。正確に問題の所在を把握できれば解決することもあります。

理想と現実の間になぜギャップが生じているのかを正確に把握できるように、普段から考える習慣を身につけさせることで、問題が起きた際にもそれぞれが考えて対処できる組織をつくることができます。

11 相談力の向上へ

自分で考えられるように子どもたちの成長を促す過程で、相談という行為は重要になります。相談も段階的な向上が望め、それが自分で考えられる組織づくりへとつながっていきます。それでは、相談の段階と対応方法について考えてみましょう。

相談は考える癖をつける訓練

チームが自主性を重んじるステージに移行するためには、部員たちを自分で考えられる人間へと育てる必要があります。

自分の考えをもち、それを表現できるようになって、初めて能力の発揮や組織の強化につながります。そのためには、部員たちに考える癖をつけさせる必要がありますが、その良い訓練になるのが“相談”です。

段階的な相談内容

そもそも自分で考えることが習慣になっていない場合、相談がどういうものかもわからないのです。

足を痛めた部員が指導者のもとにきて、次のように相談してきたとします。

A「足が痛いです」

B「5日くらい前から足が痛いです」

C「5日くらい前から右の膝の内側が痛いです」

D「5日くらい前から右の膝の内側が痛くて走れる状態ではありません」

A→B→C→Dと進むにつれ、内容は細かくなっています。Dでようやく現状を十分に説明できていますが、いずれも報告の域を出ていません。

現状説明であるDに加え「どうすれば良いでしょうか」「○○のような対応を考えています。どうでしょうか」となれば、相談レベルにあるといえます。

さらに、現状説明＋相談をベースにしながら「○○の選択で頑張りたいと思います」「医師に全治3週間と言われたので、期間内に完治させます」と言えるようになれば、それは当事者意識のある、とても良い相談だといえるでしょう。

未来志向が加わると最上級

より高いレベルの相談は未来志向のある相談です。現状説明＋相談＋当事者意識をベースに未来志向が加わり、「3週間以内に完治させて練習に復帰し、次の○○の試合をターゲットにするので、練習復帰のタイミングでまた相談させてください」と相談されたらどうでしょう。指導者側は、その選手のメンタル面も含めたサポートをするだけになります。

その場で問題の解決策を導き出そうとするのが相談です。故障を抱えているのであれば、症状や治療期間、その間のトレーニング方法、さらに故障が癒えてからの練習計画までをイメージする。それが自分で考えるということなのです。

相談しやすい雰囲気づくりも指導者の役割

もちろん、中学生や高校生の部員やマネージャーにどこまでの相談レベルを求めるかということはありますが、考える癖をつけさせる、相談しやすい雰囲気をつくるというのは部活動指導者の重要な役割でしょう。

故障の相談を受けた際、それが現状説明でしかないにもかかわらず、以降の答えを引き出そうとせずに「痛みがひくまで休んでおきなさい」と指示を出すのは簡単ですが、考える癖が身につかず、指示を待つようになってしまいます。相談とはどういうものなのかを伝えつつ、指導者側からすぐに答えを出さないことが大切です。

具体的な相談事例と対応方法

部員に限らずスタッフであるマネージャーでさえ、監督や責任者の指示を仰ぐことが相談だと思いがちです。

たとえば、合宿での練習時間について、「今日のスタート時間はどうしますか？」と聞きにきたとします。これは相談ではなく、指示を待っているだけです。

練習時間を決める要素はたくさんあります。天候、気温、風、グラウンドコンディション、食事の時間……。これらを事前に調べたうえで、自分なりの理想のスタート時間を想定してから、監督や責任者に相談する。これが自分で考えるということです。

仮に、マネージャー側から「今日は気温が37℃もあるので、普段より時間を遅くして16時半からスタートするのはどうでしょうか」と提案があり、それに納得できたのなら「いい提案だね」と意見を採用すべきです。マネージャーにとっては1つの成功体験になりますし、次はより綿密なリサーチや準備をするようになるでしょう。

提案に対して、「何を生意気なことを言っているんだ」と言うような指導者では、マネージャーは相談をしなくなりますし、もしも指導者が常にイライラ、ピリピリしていたら、部員たちは連絡すら億劫になるものです。

部員たちに考える癖を植えつけ、相談力を向上させるためには、相談しやすい雰囲気づくりも欠かせないのです。

第3章

目標実現のメソッド

夢や目標を描く明確化するツール

GMO インターネットグループ株式会社
代表取締役グループ代表 会長兼執行役員・CEO
Kumagai Masatoshi
熊谷正寿

夢や目標の明確なイメージを描く

所属や立場にかかわらず、夢や目標を描くことは重要です。今後の進む方向を定め、それに向けたマネージメントが具現化していくからです。競技者である子どもだけでなく、指導者も同様に夢や目標を描くことで、より良い組織をつくりあげられるでしょう。

まずは明確な夢や目標を描く

組織を束ね、牽引していくリーダーならば、自身も明確な夢や目標をもつべきです。どのようなチームをつくりたいのか、どのような人間になりたいのかが明確になっていれば、自ずと進む方向は決まるものです。そして、指導者の夢や目標に向かう姿勢を、部員たちもきっと見ているはずです。

私は、20歳のころに、自分の夢や人生をマネージメントするには、「夢」や「人生の目標」を形にしなければならないと考え、まずは「やりたいことリスト」を書き出すところからスタートし、今に至ります。

最初は難渋（なんじゅう）するかもしれませんが、夢を意識するようになると、日常のさまざまなシーンで、やりたいことにぶつかるようになるものです。「起業をしてある分野でナンバーワンになりたい」「サッカーの日本代表選手になりたい」「海外に留学したい」といったことを書き連ねていきます。

夢は現実と乖離している

夢をもつことに関して、大半の人は「分相応の夢かどうか」を考えて立ち止まってしまうかもしれません。しかし、それは無意味です。人の「分」というものは、夢に向かって努力するから向上するのであって、夢を限定する物差しではないのです。

「分」などは考えずに自由に発想することが重要です。現実と乖離（かいり）しているからこそ夢であり、その乖離を埋めるところに生きる喜びが存在するはずです。

夢で描いた自分以上にはなれない

夢がどうして大切なのか。それは、人は夢で描いた自分の姿以上にはなれないからです。たとえば、オリンピックの金メダリストのことを思い出してください。彼らは、絶対に金メダルをとるんだという明確な夢をもっていたはずです。何となく練習して何となく参加して、気がついたらメダルをとっていました、という人はいません。

金メダリストは、それを手に入れたいと強烈に夢を描いている人の中から出てくるのです。

やりたい夢が出てこない場合は……

やりたいことが思い浮かばないという場合は、「もし明日死ぬとしたら、何をしたい？」と問いかけてみましょう。あるいは、「明日死ぬとわかったら、何をしておきたかったなぁと後悔する？」「もし生まれ変わったら、来世は何をしたい？」といった問いかけでもいいでしょう。要するに、やりたいことが出てきやすい質問をすればいいのです。

そして、時間やお金、現在の自分の能力などは思慮の外に置き、ゼロから自分の理想とする人生を考え書き出してみるのです。

02 「夢・人生ピラミッド」で“全人”を目指す

夢や目標を実現させるための指標として、「夢・人生ピラミッド」というものがあります。このように夢や目標を具体的に可視化することが、実現に向けた近道になります。

「夢・人生ピラミッド」をつくる

次に、「やりたいことリスト」でリストアップした夢を、「夢・人生ピラミッド」の各セクションに振り分けます。セクションは「健康」「教養・知識」「心・精神」「社会・仕事」「プライベート・家庭」「経済・モノ・お金」の６つです。「夢・人生ピラミッド」とは、これらのセクションを次ページの図のように３段に分割し、「基礎レベル」「実現レベル」「結果レベル」に分けたものです。

ピラミッドは、基礎レベルのセクションで夢が達成できれば、自ずと仕事と家庭の夢は実現し、結果的に経済的な豊かさにも恵まれることを表しています。

夢・人生ピラミッド

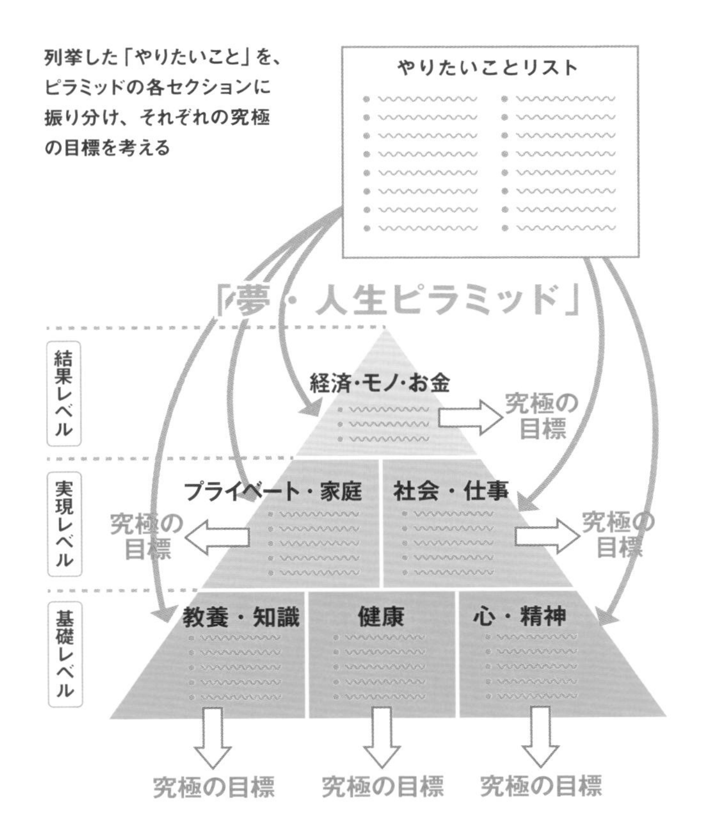

「夢・人生ピラミッド」を分類する6つの要素

・健康

健康、身体、美容について。何よりも大切ないちばんの柱となります。

・教養・知識

身につけたい専門知識、教養。取得したい資格など。

・心・精神

心のもち方、あり方、精神状態。どのような自分でいたいのか。

・社会・仕事

社会との関わり方、職業・ライフワークなど。

・プライベート・家庭

理想の家庭、プライベートの夢など。

・経済・モノ・お金

目に見える形で手に入れたいもの。物理的なものやお金など。

完璧なカタチで実現する“全人”を目指す

どうして、このように６つに分類するのか。それは、夢を叶えるためには、このピラミッドを歪(ゆが)みも偏重もなく完璧なカタチで実現するオールマイティな人間、“全人”にならなければならないからです。

全人とは、知・情・意を調和して備えている人。つまり、知識と情（心）、意識の３つが調和した、バランスの良い人格や人生ということになります。

子どもたちにも夢や目標を考えてもらう

部活動は学校教育の一環であり、生徒の生きる力の育成や自主性を養う場でもあります。であるならば、生徒たちに自分が人生で何を成し遂げたいのか、部活動を通じてどんな目標を達成したいのか、どんな大人になりたいのかをじっくりと考えてもらう場であってもいいのではないのでしょうか。

03 未来年表を作成して行動を起こそう

「夢・人生ピラミッド」を書き上げたあとは、長いタームで見据えた「未来年表」をつくりましょう。詳細に書き込むことで、段階ごとの目標を設定しやすくなり、どのように行動すべきかが見えやすくなります。

「未来年表」を書く

「夢・人生ピラミッド」が完成したら、次はそれをもとに「未来年表」をつくります。

「未来年表」は、なりたい自分になり、思いどおりの人生を歩むためのツールです。15年ほど先までを見据え、実際に年表をつくってみましょう。

未来年表のフォーマットでは、縦軸のいちばん上に、家族の年齢などの基本データを置きます。次に「健康」「教養・知識」「心・精神」「社会・仕事」「プライベート・家庭」「経済・モノ・お金」の6セクションを並べ、いちばん下には、社会が今後どうなるのかという予測を、新聞記事などを参考に書き込みます。横軸には「将来」「今」「差」「年齢」の項目を配置します。

フォーマットができたら、次はそのマス目を埋めていきます。まず、先ほどの「夢・人生ピラミッド」の6つのセクションに収まっている夢や目標の、各セクション内での優先順位を考えます。

そして、順位の高いものから、夢の一つひとつに対して、「将来」欄に生涯ゴールを書き出していきます。

次に、「今」の欄に、現状を正直に書きます。そして、現状とのギャップを「差」

の欄に記入し、ギャップを正しく認識します。

最後に、夢や目標を実現するためには、「いつまでに何をすればいいか」を考え、年数分のステップに分けて、毎年の目標を設定します。何年間で達成するという期限を決めたものについては、ゴールとなる年齢欄にもその目標を書いていきます。

「未来年表」の３つの作成工程

達成時期に誤差が生じることがあるのはもちろん、やりたいことが変わる可能性もありますが、「未来年表」をつくるにあたっては、そのあたりは柔軟に構えて、現時点で思い描く夢に素直に従って書きましょう。

「未来年表」の大まかな作成工程は、以下のとおりです。

❶ 夢や目標を列挙し、ゴール地点（達成日時）に配置する

❷ 現状と夢との距離を見定める

❸ 進まなければならない距離を、達成日時までの年月で振り分ける

ありのままの現状を素直に受け入れる

「未来年表」の作成の工程でとくに注意したいのは②です。つまり、現時点での状況をしっかりと見つめるということです。

これは簡単なようで難しい作業です。人は自分自身のことを過大評価しがちだからです。

自分のレベルを高く見積もると、計画に甘さが出ます。必要以上に過小評価する必要はありませんが、あるがままの現状を素直に受け入れることが大切です。

向かうべき方向を定めて、あとは行動するだけ

「未来年表」は５年、10年、20年という長いタームでつくるからこそ意味

があります。

なぜなら、究極の目標が見えていなければ、年間目標は場当たり的な目標設定に陥り、努力の方向を間違える危険があるからです。

「やりたいことリスト」「夢・人生ピラミッド」「未来年表」ができあがったら、向かうべき方向が定まったはず。あとは行動を起こすだけです。

「未来年表」の作成例

	究極の目標	将来	今	差	25 歳	26 歳
家族・環境	妻					25 歳
	長男					小学校入学
	父					
	母				50 歳	
健康	死ぬまで病院にかからず現役を続ける	禁煙	1日1箱の禁煙		1週間に1箱	禁煙
		体重 69 kg	体重 80 kg	11 kg	77 kg	74 kg
教養・知識	外国人や有名人など、縁が遠い人たちとも交流できる教養を身につける	TOEIC で 700 点	TOEIC で 300 点	400 点	350 点	400 点
		企業小説家	文才 150 ゼロ		毎週1冊、小説を読む	
心・精神	誰からも好かれる(心)になる	人に好かれる人間になる	あまり人に好かれない		心理学の勉強	身だしなみの研究
		人生の師を見つける	人生の師が／交流会に いない		積極的参加	有名人 50 人に会う
社会・仕事	自分のビジネススキルや人脈を生かして、自分の会社を経営する	500 万円	会社設立資金 50 万円	400 万円	資金計画策定	株式投資の勉強
		会社経営者	経営知識・スキル・ゼロ		起業家講習	事業分野の研究
		人脈 10 人	人脈2人	8人	毎月1回交流会参加	法曹界の人 10 人と接触
プライベート・家庭	快適で、笑顔の絶えない家庭を築く	一戸建て住宅を購入	賃貸アパート暮らし	住宅購入資金 4000 万円	貯金 500 万円	
経済・モノ・お金	老後に何の心配もなく豊かに暮らせる経済力を蓄える	マンションのオーナー	知識も金も土地もない			
		28歳で1000万 30歳で300万 40歳で1000万	貯金 500 万円	500 万円 (300 万円) (1000 万円)	625 万円	750 万円
未来予測	信頼できるメディア情報					75歳以上が2000万人超え

27歳	28歳	29歳	30歳	31歳	32歳	33歳	34歳
	第二子？			30歳			
			10歳		中学校入学		
	55歳					定年退職	
			55歳				
71 kg	69 kg						
450点	500点	550点	600点	650点	700点		
文章教室	執筆活動＆出版社へ持ち込み			デビュー			
マナーの特訓	話術を学ぶ	多くの人と会う	人に好かれる人間！				
人生の師を発見							
資金運用（利回り10%）		銀行から資金調達	会社設立				
法律の勉強	会計の勉強						
パートナー選び・交渉	組織確定	設立準備					
	頭金1000万円（購入）	ローン残高3000万円	2800万円	2600万円	2400万円	2200万円	2000万円
			不動産投資の勉強	宅建資格取得		種銭作り	
875万円	1000万円→住宅の頭金	150万円	300万円→会社設立	100万円	200万円	300万円	400万円
				デジタル通貨が本格普及			現役人口1000万人減

第4章

体づくりの基礎

効果的な準備運動
有効な筋力トレーニング
効果的な運動後のストレッチ

フィジカルトレーナー
アメリカスポーツ医学会認定運動生理学士
株式会社スポーツモチベーション最高技術責任者
一般社団法人フィジカルトレーナー協会代表理事

Nakano James Shuichi
中野ジェームズ修一

01 正しいウォーミングアップを理解する

どのような競技の部活動であっても、ウォーミングアップは必ず行うべきです。その意義や効果を正しく理解して、ケガの予防とパフォーマンスの向上につなげましょう。

ウォーミングアップの効果

ケガを予防し、練習や試合でベストなパフォーマンスを発揮するためには、正しく体の準備をする必要があります。

まずウォーミングアップと準備運動が別物であり、分けて考える必要があることを確認しておきましょう。ウォーミングアップは文字どおり、体を温めること。そして、準備運動とはプレ競技動作のことを指し、野球でいえばキャッチボールなどが該当します。

ウォーミングアップで体の準備を整えてから、競技のための準備運動をする。この順序で、どちらも行うことが、ケガ予防のためにもパフォーマンスアップのためにも大切です。そして、ウォーミングアップの効果には主に次のような効果があります。

- 体温と組織温度の上昇
- 血管床の抵抗が減少することによる、活動筋の血流の増加
- 心拍数上昇と、それに伴う運動適応のための心拍循環系の準備
- 身体作業能力の上昇
- 結合組織と筋肉の粘性の低下
- 筋肉の緊張の減少
- 筋肉の弛緩の促進

段階的に心拍数を上げる

まず心臓ですが、ウォーミングアップで段階的に心拍数を上げることで、激しい運動をする準備ができます。安静時に心臓から送り出される血液量は毎分5ℓ程度ですが、激しい運動時には25～30ℓになるといわれています。

ウォーミングアップをせず、急にダッシュなどの激しい運動をすると、心臓に負担がかかるだけでなく、心肺機能の準備が不十分なために、酸素などがうまく運ばれず、体が動かしづらい、すぐに息が上がってしまうといった現象が起こります。

筋肉に流れる血液量を増加させる

次に筋肉ですが、ウォーミングアップを行い、筋肉を徐々に動かしていくと、筋肉に流れる血液量が増加し、体の内部温度が上昇します。筋肉への血流が増えると、酸素や体を動かすためのエネルギー源が筋肉に運ばれ、運動をするための準備が整っていきます。そして、筋温が上昇すると、筋肉の粘性が低下し、筋肉がスムーズに動かせるようになっていきます。

筋肉の粘性が高い状態で激しく動くと、筋線維を傷つける恐れがあり、肉離れなどのケガの発生率も高くなります。

滑液の分泌を促進させる

骨と骨をつなぐ連結部である関節は、関節包という袋状の組織に覆われています。関節包の中には、関節の動きをスムーズにする潤滑油に当たる滑液があります。滑液が不十分だと関節の動きは鈍く、体はスムーズに動いてくれません。ケガのリスクが高い状態だともいえるでしょう。

ウォーミングアップで関節を少しずつ動かしていくと、刺激を受けた筋肉の温度の上昇とともに、滑液の分泌が促進されます。すると、それまで粘度が高くドロドロとしていた関節包内の滑液がサラサラになり、関節の動きがスムーズになります。

02 ウォーミングアップの手順と方法

ウォーミングアップの意義や効果について前述しましたが、具体的にどのような方法で準備を整えればいいのでしょうか。ここでは、具体的なウォーミングアップの方法やその順序について紹介していきます。

ウォーミングアップと準備運動の手順と方法

ウォーミングアップおよび、その後に行うプレ競技動作（準備運動）については、次の４項目で行うことを推奨します。

1. ウォーキングやジョギングで全身を温める
2. 競技種目に合わせた下肢の動作
3. 競技種目に合わせた上肢の動作
4. プレ競技動作（小さい動きから大きな動きへ）

ジョギングで心拍数と体温を上げる

まず①のウォーキングやジョギングですが、極々軽い運動に相当するレベルで、わずかに息切れがすることもあるというくらいのペースで行います。スピードは重要ではありません。ウォーミングアップが目的なので、十分な血流が促され、心拍数が一定以上になれば、準備が整ったことになります。最大心拍数（＝220－年齢）の40～50%まで心拍数を上げることが１つの目安となります。しかし、どの程度の運動で、どの程度心拍数が上昇するかは、体力レベルも大きく影響し、個人差がある点はしっかりと認識しておきましょう。

リズミカルに動作を繰り返す動的ストレッチ

次に行うのは、競技種目に合わせた下肢の動作と上肢の動作ですが、これは動的ストレッチと呼ばれるものです。筋肉を伸ばすための静的ストレッチは、基本的にウォーミングアップ時に行う必要はありません。

肩甲骨回しや股関節回しなどの動的ストレッチのポイントは、リズミカルにその動作を繰り返すこと。各部位、数回では不十分で、最低でも20回は繰り返すようにしてください。

動的ストレッチと静的ストレッチの違い

ストレッチには、大きく分けて動的（ダイナミック）ストレッチと、静的（スタティック）ストレッチがあります。

動的ストレッチとは、同じ動きを一定回数繰り返して、筋肉や関節に適度な刺激を与える動作です。たとえば、肩甲骨や股関節を回す動作が動的ストレッチに該当します。

一方の静的ストレッチとは、一定時間同じ姿勢を保って、静止した状態で筋肉を伸ばす動作のことをいいます。前屈や開脚といった動作は静的ストレッチとなります。

静的ストレッチには体の柔軟性を維持・向上させる効果があり、運動後に硬く縮こまった筋肉を伸ばすためにも行います。

現在、準備運動のなかで静的ストレッチを行っている部活動があるかもしれませんが、静的ストレッチでは筋温はさほど上がりませんし、呼吸や心拍数は落ち着いた状態になります。その状態から一気に激しい運動を行うと、良いパフォーマンスができないどころか、場合によってはケガのリスクが高くなります。欧米では、準備運動としての静的ストレッチを禁止しているコーチもいるほどですから、あえて取り組むことはないでしょう。

徐々に動作を大きくするプレ競技動作

下肢、上肢の動的ストレッチのあと、つまりウォーミングアップを終えて行うのが、プレ競技動作（準備運動）となります。これは競技によって行うべきものはかなり異なります。

たとえば、野球ならばキャッチボール、サッカーならパス交換、テニスならショートラリーといったものがプレ競技動作に該当します。プレ競技動作については、なるべく小さな動作からスタートし、徐々に動きを大きくしていくように心がけてください。

基本的には上肢より下肢の動的ストレッチから

青山学院大学 駅伝チームの例を挙げると、基本的にジョギングで体を温めることからスタートし、次に上肢の動的ストレッチを行い、その次に下肢の動的ストレッチを行います。②と③が逆ではないかと思われるかもしれませんが、青山学院大学の場合、ジョギングにかなり時間をかけているので、ある程度動かしている下肢よりも上肢の動的ストレッチを優先しています。

このような特殊な例を除いて、基本的には下肢の動的ストレッチからスタートするようにしてください。下肢を動かすと、ミルキングアクションとも呼ばれる下腿三頭筋（ふくらはぎの筋肉）の筋ポンプ作用が働きます。下腿三頭筋の収縮と弛緩によって、血管が圧迫され、心臓に戻る血液がスムーズに押し上げられることで、血流がスムーズになるのです。

ウォーミングアップの時間は15～30分が理想

季節や気温に関係なく、ウォーミングアップには15～30分かけるのが理想ですが、部活動の時間が短く、ウォーミングアップの時間を長くとると競技の練習をする時間がなくなってしまうという場合があるかもしれません。その際は、とくにプレ競技動作のメニューを工夫して、競技レベルの向上につながるような動作を取り入れることを推奨します。

体の準備にかかる時間には個人差がある

また、中学生を指導する場合は、基本的に全員を集めていっせいにウォーミングアップをすることになるとは思いますが、体の準備にかかる時間には個人差があることを理解することが必要です。トップレベルのバドミントンのペアでも、片方の選手は試合前のウォーミングアップが30分程度で済む一方で、もう一人の選手は60分、90分という時間をかけるという例もあります。

たとえば、学年で授業の終了時間が異なるのであれば、そろった学年からウォーミングアップを開始する、早めに練習場所に来ることができた生徒からジョギングを始めるといったことでも、準備の時間を短縮することができるでしょう。

03 ウォーミングアップで行う代表的な動的ストレッチ

ウォーミングアップで行うべき動的ストレッチは、細かくいえば競技によって異なるのですが、ここでは、多くの競技で共通で取り入れることができるものをいくつか紹介します。

ニーアップ

両足を腰幅に広げて立ち、片方の脚を1歩分、後ろに下げます。同時に下げた足と同じ側の腕を前に出します。後ろに下げた足のつま先で地面を蹴り、膝を前方に持ち上げます。膝を前に出すタイミングで、走るのと同じように反対側の腕を前方に振り出します。リズミカルに20回繰り返したら、左右を変えて同様に行います。

× NG

膝をしっかりと上げないと股関節が十分に動きません。太ももが地面と平行になるまで膝を持ち上げましょう。

股関節回し

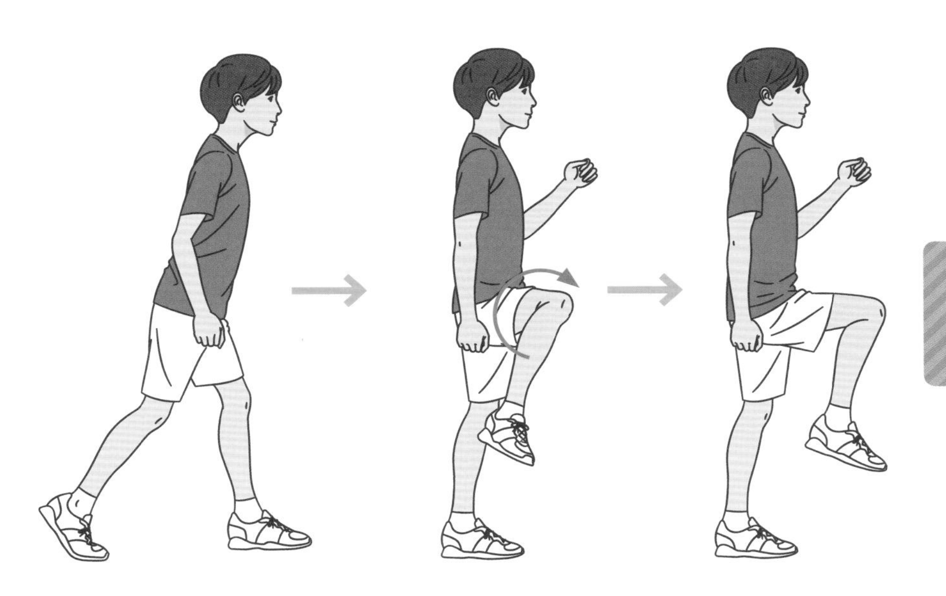

両足を腰幅に広げて立ち、片方の脚を1歩分、後ろに下げます。そこから膝を外側に向けて、横に脚を持ち上げます。太ももと地面が平行になるくらいの高さまで持ち上げたら、高さを維持したまま膝が前方を向くように動かし、そこから最初の位置に戻します。小さなハードルを越えるようなイメージで脚を動かしましょう。リズミカルに20回繰り返したら、左右を変えて同様に行います。

サイドリフト

大股１歩分ほど両足を横に開いて、両膝を曲げ、つま先を外側に向けて立ちます。このとき、腰は少し反らせましょう。片方の脚を上げながら、もう一方の脚の膝を伸ばして、重心を地面についた足の方へ移動します。上げた脚を下ろして元の体勢に戻ります。リズミカルに20回繰り返したら、左右を変えて同様に行います。

肘回し

両足を肩幅に開いて立ちます。両手の指先で肩を触り、そのまま肩を中心に、肘を前、上、横、下とリズミカルに回します。肩甲骨を大きく動かすイメージで行ってください。3秒で1周するくらいのスピードで20回行ったら、逆回し（下、横、上、前）も同様に20回行います。

肩甲骨回し

ポイント

横から見ると腕を下ろしたときに、肘が背中の後ろに出るのがポイントです。これを意識することで、肩甲骨を大きく動かせます。

両足を肩幅に開いて立ち、腕を下方に伸ばして体の前で手を合わせます。手を合わせたまま、両手を頭の上まで持ち上げます。頂点で手のひらを外側に向け、肘を曲げながら肩甲骨をよせ、腕を下ろします。肘を背中よりも後ろにもっていくのがポイントです。4秒で1周するくらいのスピードで20回行います。

部活動で行う補強トレーニング

パフォーマンスの向上のために、補強トレーニングは欠かせないものですが、正しく行わなければ思うような効果を得られない場合があります。また、競技者の年代によっては逆効果になりかねません。成長期を迎える中学生年代に適したトレーニングを構築しましょう。

体が大きく成長する中学生年代の補強トレーニングには注意

競技力向上のために補強トレーニングを取り入れても、その方法が誤っているとパフォーマンスアップは見込めません。それどころか、体への負担が増して、一部の関節や筋肉、骨に負荷がかかり過ぎるなどして、コンディションの悪化やケガにつながる恐れがあります。

パフォーマンスアップを狙ったトレーニングで、体を壊してしまうほど残念なことはありません。とくに、体が大きく成長する中学生年代を指導する場合、指導者は細心の注意を払う必要があります。

人体の組織の４つの分類とそれぞれの成熟度

人間は生まれてから成人するまでの間に、骨や臓器、神経など、さまざまなものが成長を続けますが、何がどの程度成長するのかは、年代によって異なります。

一般型（臓器、筋肉、骨格など）、神経型（脳、脊髄、感覚器など）、生殖型（生殖器、乳房、咽頭など）、リンパ系型（胸腺などのリンパ組織）の４つに分類し、20歳時の発育を100%とした場合の成長による変化率を見ると、神経型は12歳までにほぼ100%に達する一方、一般型や生殖型は12歳以降に大きく成長します。

ゴールデンエイジとトレーニング

神経型がほぼ完成に近づき、神経組織間のネットワークが多様になる９～12歳の年代はゴールデンエイジと呼ばれ、スポーツにおいての複雑な技術をスムーズに習得できる時期とされています。動作習得にもっとも適した時期であり、複雑な動作を身につけるために時間を割くべきタイミングということになります。

一方で、呼吸・循環器系をはじめとした一般型はゴールデンエイジの時期に50%ほどしか発育していないため、高強度（長時間および高負荷）のトレーニングには適していません。過度の走り込みや筋力トレーニングは避けるべきでしょう。

スキャモンの発育曲線

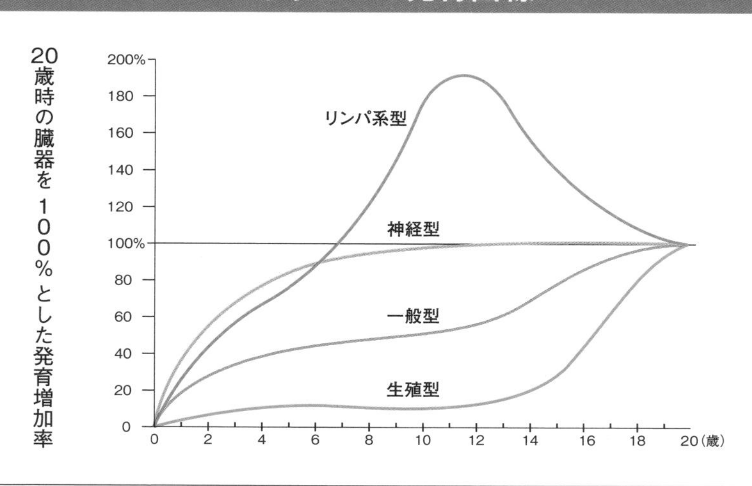

神経型の完熟期に行うべきトレーニング内容

さまざまな種類の運動を幅広く行うと、それぞれに動作をどのようにして行えばいいのかを考え、神経が脳の情報を体に伝えます。そして、脳・神経・筋肉の連携がうまくとれるようになり、その動きがパターン化されて正確に行えるようになります。これがスポーツでいう“練習”です。

ゴールデンエイジの時期はこの脳・神経・筋肉の連携の向上によるパフォーマンスアップが見込めるタイミングです。子どもが大人に比べて短期間で泳げるようになったり、自転車に乗れるようになったりする背景にはこういった理由があるのです。

中学生年代では心肺機能を向上させる

中学生年代は、呼吸・循環器系が発達する時期で、心肺機能を向上させるのにとても適しています。

中学校の体育の授業に持久走が組み込まれていたり、学校のイベントとしてマラソン大会が実施されていたりするのは、理にかなっているといえます。

この時期にしっかりと心肺機能を向上させておくと、良い状態で上の年代に上がれ、レベルの高い選手になる可能性が高くなります。

練習のなかに長距離のランニングや水泳など、持久力アップにつながるメニューを取り入れると、効果を得やすいでしょう。

本格的な筋力トレーニングは高校生年代以降に

骨の成長が安定して、筋力が発達するのは高校生年代になってからです。パワーや瞬発力を高めるための筋力トレーニングを本格的にスタートするのは、高校生以上になってからが良いということになります。

もちろん、体の成長には個人差があることを十分に考慮しなければいけません。同じ中学生でも、1年生と3年生ではかなり体格が異なります。

中学生時点である程度体ができてくる生徒もいれば、高校生になってから一気に成長するという生徒もいます。

部活動の指導者は、成長段階に合わせたトレーニングが重要であること、体の成長に個人差があることをしっかりと頭に入れておきましょう。

成長期理論

子どもの発育発達とトレーニング

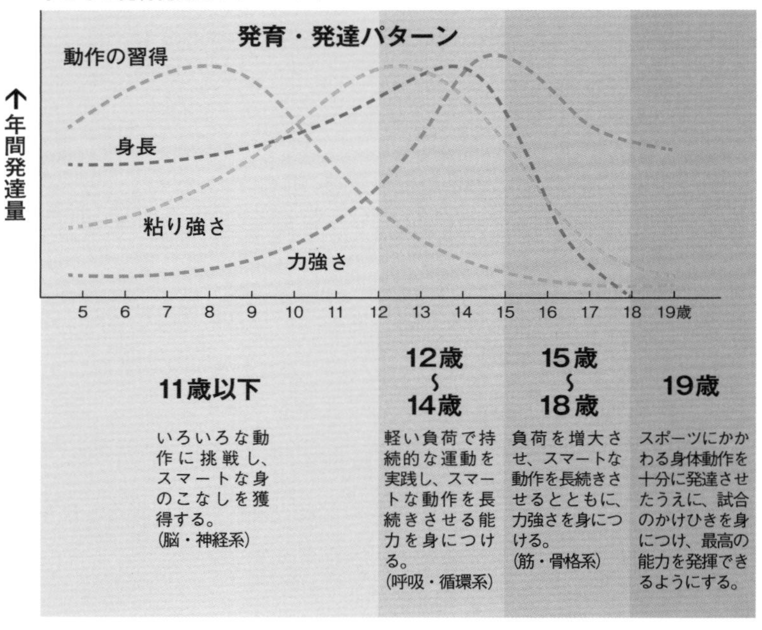

『子どものスポーツ医学』宮下充正、小林寛伊、武藤芳照著（南江堂）を基に作図

体幹トレーニングの必要性

体にある空洞部分の筋肉を鍛えて体の安定性を高める体幹トレーニングは、どの年代においても行うべきです。体幹とは何かを正確に理解して、正しいトレーニングでパフォーマンスアップを目指しましょう。

体の軸を安定させる体幹トレーニング

体幹トレーニングの目的は、体幹＝体の軸を安定させ、試合でのパフォーマンス向上や、ケガの予防をすることです。

しかし、体幹とは何かを理解せずにやみくもに体幹トレーニングらしきものを繰り返しても効果は得られません。体幹トレーニングの意味を理解するには、どうして体の軸がぶれるのかを知ることが近道です。

体の空洞部分の筋肉を鍛える

体の軸がぶれる原因は、骨と骨の間にある空洞にあります。たとえば、肋骨と骨盤の間には腹腔と呼ばれる大きな空洞があります。もし、肋骨が骨盤近くまで続いていれば、体の安定性は高まりますが、その分だけ上半身の可動性は失われます。人間の体は、腹腔のおかげでさまざまな動作が可能になっている反面、その空洞のせいで体の安定が損なわれているということになります。

このような空洞部分の筋肉を鍛えて体の安定性を向上させようというのが、体幹トレーニングの基本的な考え方です。

人体のもっとも大きな空洞部分は腹腔であり、トレーニングをする優先順位は高いのですが、最終的には各関節周辺の筋肉も含めて鍛えていく必要があります。

競技による専門性と優先順位

もちろん、取り組んでいる競技によっても優先的に鍛えるべき部位は異なります。たとえば、テニスやバレーボール、野球のように腕を使う競技であれば、肩甲骨周辺の筋肉を鍛える必要があります。それが不十分だと、ラケットを振る動作、ボールを打つ動作がぶれてしまうことになります。

06 コアユニットの構造

激しい運動を行ううえで不可欠な体幹の話をしてきましたが、ここではさらに深く理解を進めましょう。理解を深めることでトレーニングのタイミングや優先順位が見えてきます。

腹腔を覆う筋肉群であるコアユニット

人体にある大きな空洞である腹腔、これを覆う筋肉群はコアユニットと呼ばれています。わかりやすくイメージしていただくためにたとえると、コアユニットとは胴体部分を支えるトイレットペーパーの芯のようなものです。

肋骨と骨盤の間に紙の厚いトイレットペーパーの芯が備わっていれば、ジャンプして着地した際にも芯がつぶれず体勢が崩れません。しかし、トイレットペーパーの芯が水に濡れてふやけていたらどうでしょうか。着地時の衝撃に耐えきれずにつぶれて、体はバランスを失ってしまいます。

ケガの原因はコアユニットの不安定さにあるのかも……

胴体部分のトイレットペーパーの芯がつぶれて体勢が崩れると、それに連動して膝や足首に思わぬ負荷がかかり、捻挫などのリスクが高まります。足首を捻挫しやすい生徒は、原因は足首周辺の筋肉の弱さではなく、コアユニットの不安定さにある場合があるということです。

どんな競技においても体幹は重要

体幹＝体の軸の安定は、どんな競技においても重要です。走っているときは、常に片脚立ちでバランスをとらなければいけませんし、着地のたびに体重の３倍以上ともいわれる衝撃があります。

野球でボールを投げるとき、サッカーでボールを蹴るときは、片脚立ちで体の軸を安定させる必要がありますし、ラグビーのようなコンタクトスポーツであれば、相手との接触で起きる衝撃に耐えなければなりません。

コアユニットの構造を理解する

それでは、体幹の安定に欠かすことができないコアユニットの構造について確認していきましょう。

人間の胸部に肋骨があり、上半身と下半身をつなぐ部分に骨盤が位置しています。この肋骨と骨盤の間には、背骨が通っているだけで、骨格標本を見ると大きな空洞になっていることがわかります。肋骨の役割は心臓や肺といった重要な器官を守ること。心臓や肺が傷つくと、生命維持に重大な問題が生じるため、肋骨という硬い組織で覆われているのです。

肋骨で覆われていない部分にも胃や腸などの器官があり、この部分は人間が動作の自由度を確保するために、現在の形に進化したといわれています。

球技やダンスをする際に、体をさまざまな方向に捻る動作ができるのは、肋骨が胸部にしかないからです。動作の自由を確保しながら、内臓を守る。この一見矛盾した機能を両立するために大切な役割を果たしているのが、コアユニットなのです。

インナーユニットとアウターユニットの構造

コアユニットは内側に位置するインナーユニットと、外側に位置するアウターユニットに大きく二分されています。

インナーユニットは、腹部をコルセットのように包む腹横筋、背中側にある多裂筋、天面にある横隔膜、底面を支えている骨盤底筋群で構成されています。

アウターユニットを構成するのは、腹直筋、広背筋、外腹斜筋といった筋肉です。腹直筋は一般的に“腹筋”と呼ばれることが多い、肋骨と恥骨を縦に結ぶ筋肉。外腹斜筋は肋骨の上部から腸骨に伸びる筋肉で、内腹斜筋は外腹斜筋の深層に位置します。腹斜筋群については、内腹斜筋をインナーユニット、外腹斜筋をアウターユニットとすることがありますが、学術的に決まっているものではありません。

インナーユニットとアウターユニットの構造イメージ

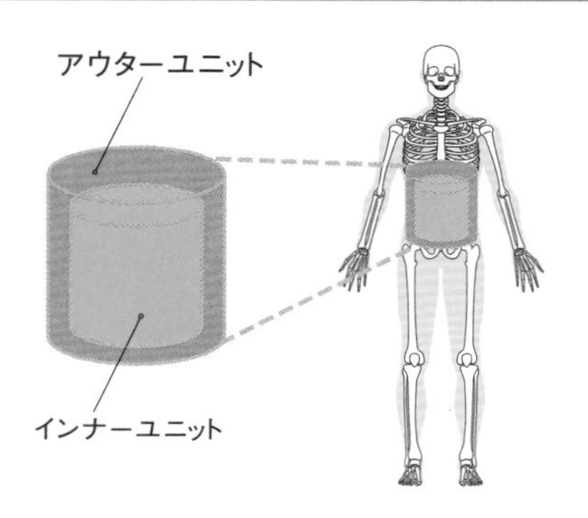

インナーユニットに属する筋群
- 横隔膜
- 多裂筋
- 腹横筋
- 骨盤底筋群

アウターユニットに属する筋群
- 腹直筋
- 広背筋
- 外腹斜筋

インナーとアウターの中間に属する筋群
- 内腹斜筋

中学生年代でもインナーユニットは積極的に鍛える

競技によって体幹トレーニングの優先順位は異なると前述しましたが、コアユニットは多くの競技に共通する強化すべき部位であり、とくにインナーユニットについては、中学生年代においても積極的に鍛えておきたい部位です。

インナーユニットの構造イメージ

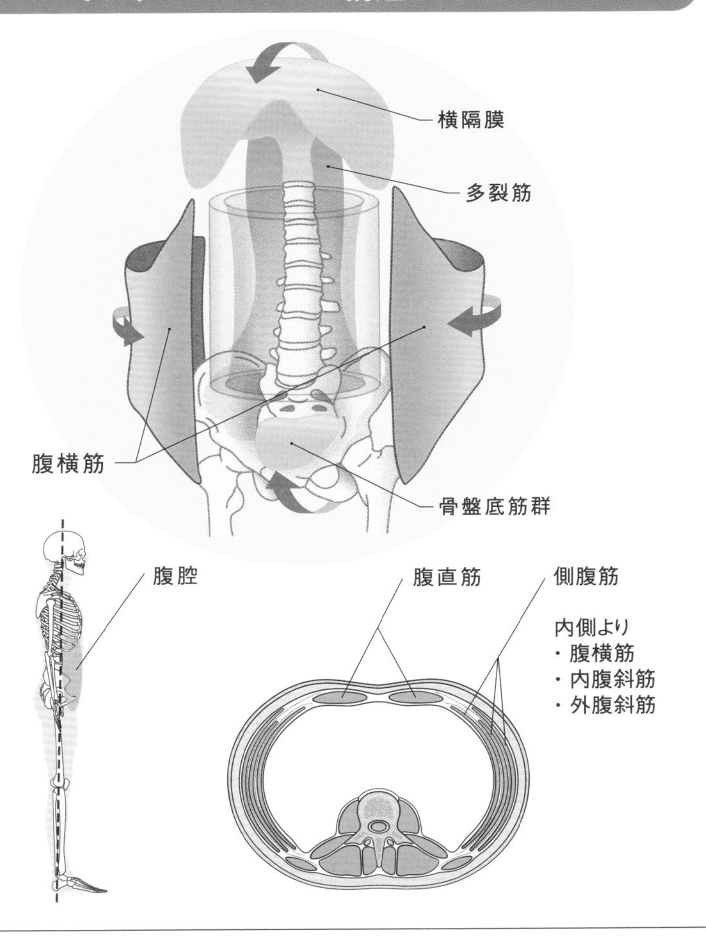

コアユニットのトレーニング方法

続いて、コアユニットのトレーニング方法について、青山学院大学陸上競技部 駅伝チームで取り入れている例を挙げながら、具体的に解説していきます。

コアユニットのトレーニング順序

青山学院大学 駅伝チームでは、「インナーユニットの使い方の習得」→「インナーユニットの強化」→「アウターユニットの強化」というステップでコアユニットのトレーニングを行っています。

ドローインの動作はファーストステップ

最初のステップである「インナーユニットの使い方の習得」のために行うのは、ドローインと呼ばれる動作です。

簡単に説明すると、仰向けに寝て両膝を立て、鼻から息を吸ってお腹を膨らませながら腰を大きく反らせ、息を吐きながら腰を元に戻すという動作です。このドローインを四つ這いや立位の状態でも行えるようにしてインナーユニットの使い方を学び、さらにドローインをした状態で体を動かすことを繰り返します。

個人差もあるので、あくまで目安になりますが、青山学院大学の駅伝チームに新しく入ってきた１年生たち全員がこのステップを正しくできるようになるのに４～５カ月かかっています。

ドローインは動き自体が地味で、わかりやすく筋肥大をすることもなく、筋肉痛にもならないので、効いているのを実感するのが難しいのですが、少なくとも半年以上は習得に時間がかかるものだと考えてください。

インナーユニットの強化方法

次のステップが、プランクなどで行うインナーユニットの強化です。プランクとは、両肘・両膝を床について、インナーユニットを使って姿勢を維持する動作です。

ドローインでインナーユニットの使い方を学んでいないと、腹直筋などのアウターユニットのみを使って姿勢を維持してしまうので、最初のステップにじっくりと時間をかけてからインナーユニットの強化へと進む必要があります。

アウターユニットの強化方法

最後のステップがアウターユニットの強化です。いわゆる腹筋運動のような、腹直筋のトレーニングや、懸垂のような広背筋を鍛えるトレーニングが該当します。

アウターユニットについては、中学生年代でトレーニングを急ぐ必要はありません。インナーユニットの強化を重点的に行いましょう。

また、体幹トレーニングとしてはコアユニットの強化後、各競技特性に合わせた部位を鍛えていく必要があります。

ドローイン（仰向け・膝立て）

仰向けに寝て、両膝を立てます。鼻から息を吸ってお腹を膨らませながら、腰を大きく反らせます。口から息を吐きながら、４秒ほどかけて腹横筋を使って腰がナチュラルカーブになるところ（手が腰の下に入る程度）まで押し下げます。同時に肛門を軽く締めるようにして骨盤底筋群を連動させます。動作を習得できるまで繰り返し行います。

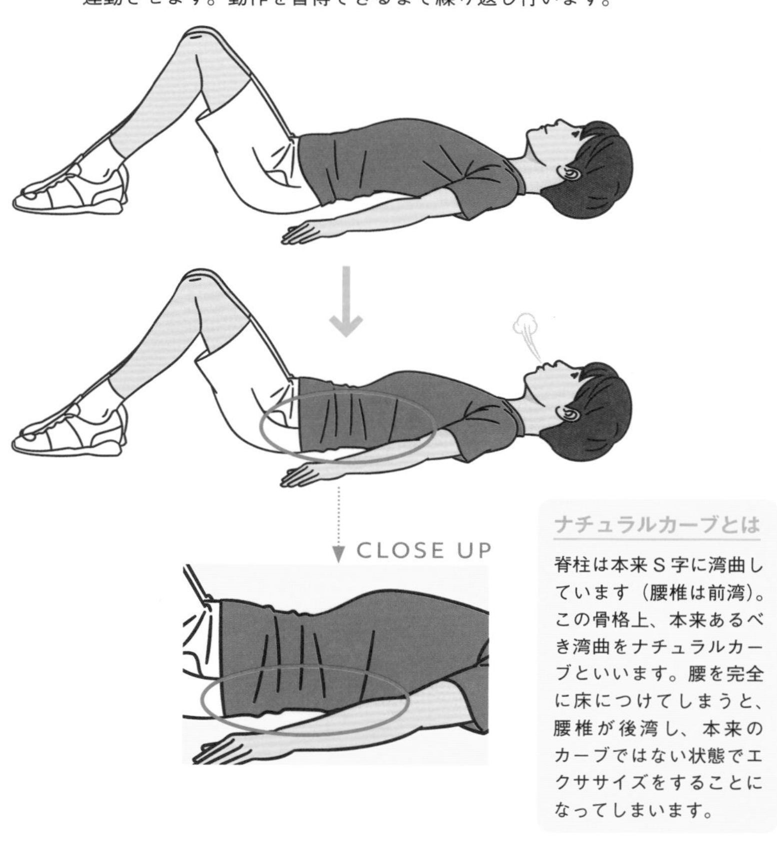

ナチュラルカーブとは

脊柱は本来Ｓ字に湾曲しています（腰椎は前湾）。この骨格上、本来あるべき湾曲をナチュラルカーブといいます。腰を完全に床につけてしまうと、腰椎が後湾し、本来のカーブではない状態でエクササイズをすることになってしまいます。

ここでは仰向け・膝立ての状態のドローインを参考として紹介していますが、インナーユニットの使い方を習得するためには、立位でもドローインができ、さらにドローインをしたまま体を動かせるようになる必要があります。

プランク

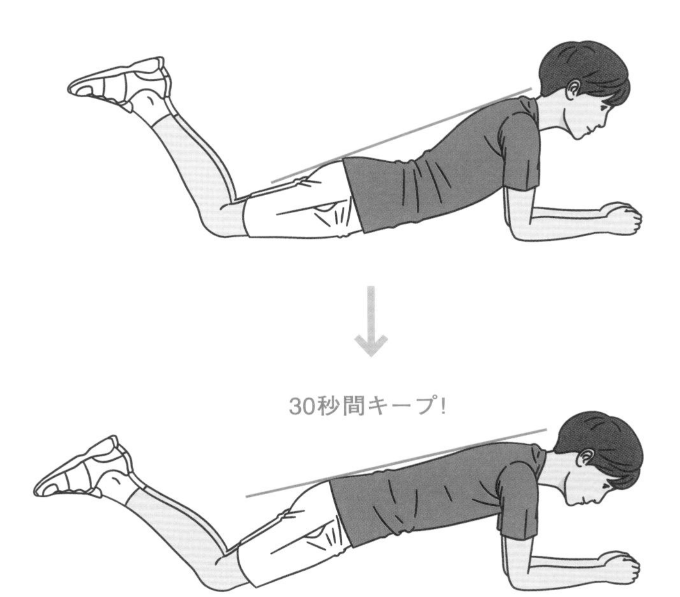

両肘と両膝を床につきます。肘は肩の真下にくるようにしましょう。腰を大きく反らせた状態から、ドローインをしてナチュラルカーブをつくります。その姿勢を30秒キープします。

ここでは膝立のプランクを参考として紹介していますが、インナーユニットの強化のためには、より強度の高いプランクに取り組んでいく必要があります。

08 筋力アップのためのトレーニングの基本

これまでは体幹トレーニングの解説をしてきましたが、ここでは高強度のトレーニングについて言及します。また、強度を落とした同様のトレーニングでも注意しなければならないことがあります。誤用しないためにも、しっかりと原理原則を学びましょう。

高負荷でも低負荷でもリスクはある

骨が成長段階にある中学生年代は、ダンベルやバーベルを使った高負荷の筋力トレーニングは避けるべきです。成長している間は、骨がまだ柔らかく、過度な負荷をかけると変形する可能性があります。

しかし、低負荷のトレーニングなら問題ないというわけではありません。たとえば、腕立て伏せを100回、腹筋運動を100回など、同じ関節運動を繰り返すようなトレーニングは、特定の関節に過度な負担がかかり、こちらもケガにつながるリスクが非常に高くなります。低負荷のトレーニングを行う場合も、同じ動作の繰り返しにならないメニューづくりが欠かせません。

専門家や専属トレーナーが必要な理由

ケガのリスクの少ない正しいフォームで、かつ筋力アップに十分な回数を行うのはなかなか難しい作業です。だからこそ専門家がいて、プロアスリートやプロチームにも専属のトレーナーがついているのです。

また、体の成長度合いはもちろん、何をどれだけ強化するべきかにも個人差があります。アメリカでは、学生に対してもパーソナルで個別にメニューをつくることが主流になってきているほどです。

原則を理解してトレーニングを行う

青山学院大学 駅伝チームでも、複数のトレーナーが携わり、6割ほどの選手はパーソナルトレーニングに取り組んでいます。また、合同で行う補強トレーニングについても3パターン用意しています。

間違った負荷設定をするとケガにつながること、やり方を間違えると生徒の個性や特長を壊す可能性があること、専門家に任せるのがベストという点を踏まえたうえで、筋肉量の増加、筋力アップを目指すために重要な3つの原則を確認しておきましょう。筋力トレーニングの指導をするのであれば、知っておかなくてはならない原則です。

筋力トレーニングにおける3つの原則

❶ 過負荷の原則

過負荷の原則とは、日常的に体に与えている刺激よりも強い刺激を与えなければ、筋肉量が増えたり、筋力が向上したりすることはないという原則です。毎日、2kgの鞄を持って通学している学生が、500gのペットボトルを持ち上げても筋力トレーニングにはならないということです。

競技の練習でジャンプ動作やスプリントを繰り返し、ときおり補強トレーニングとして階段の上り下りや坂道ダッシュをしている。このような学生が、ダンベルやバーベルを使わないスクワットを10回やったとしても、効果はないでしょう。

日常生活や普段の練習では与えていない大きさの負荷を与えなければ、筋肉量の増加や筋力の向上は見込めないのです。

ただし、しばらくは正しいフォームをつくること、筋力トレーニングに慣れることが大切なので、過負荷の原則に当てはまらなくても構いません。

フォームが安定したところで、徐々に負荷を上げていきましょう。

❷ 漸進性（ぜんしん）の原則

筋肉量の増加、筋力の向上を狙うためには、同じ負荷でずっとトレーニングを続けるのではなく、徐々に負荷を上げていく必要があります。

これを漸進性の原則といいます。たとえば、腕立て伏せ20回、腹筋運動20回、スクワット20回というトレーニングを続けていても、効果が打ち止めになるということです。常に過負荷であるように、定期的に負荷を見直さなければなりません。

しかし、急激に負荷を上げたトレーニングを行うと、ケガのリスクが高まるので注意が必要です。

❸ 継続性の原則

トレーニングの効果が現れるまでには、ある程度の期間、継続することが必要というのが、継続性の原則です。１週間や２週間、筋力トレーニングに取り組んだところで、大きな効果は得られません。効果を感じるためには、少なくとも３カ月は取り組む必要があるでしょう。

３カ月継続しても効果が得られない場合は、負荷や頻度不足、タンパク質などの栄養不足が考えられます。

繰り返しになりますが、ケガを予防するためにも、可能な限り専門家の意見を取り入れたうえで、トレーニングメニューの作成にあたってください。

運動の生理的限界について

運動をしていると、体が思うように動かせなくなることがあります。その要因として、心や気持ちが主となる心理的限界と、体が主となる生理的限界が考えられます。ここでは生理的限界のメカニズムについて解説します。

トレーニングに疲れが必要な理由

部活動の練習は、多様な子どものニーズに応え、その志向や状況に応じた対応が求められます。スポーツの楽しさや喜びを味わうことが優先的ではありますが、体力の向上やパフォーマンスアップを狙うトレーニングでは、疲れを伴う必要があります。

なぜ、疲れを感じるようなトレーニングが必要かというと、中枢性の疲労と、末梢性の疲労に耐える力を養えるからです。

中枢性疲労のメカニズム

中枢性の疲労とは、体力の本当の限界を超えて疲労困憊する前に、中枢神経がブレーキをかけるために生じるものです。

筋肉を動かす直接的なエネルギー源は、ATP（アデノシン三リン酸）という物質です。ATP は筋肉を含めたすべての細胞のエネルギーとなっており、私たちはとくに運動をしていなくても、1日に体重と同程度の ATP を合成し、これを消費することで活動しています。

しかし、体内に貯蔵されている ATP は数百グラム程度しかありません。

それでも大量のATPを合成できるのは、ATPが常にリサイクルされているからです。

ATPが分解されてエネルギーが生じると、ADP（アデノシン二リン酸）となります。そしてADPは、酸素と糖質や脂肪酸といったエネルギーを活用してATPにリサイクルされています。

酸素とエネルギー源が枯渇して、ATPを再合成する代謝回路が回らなくなると、筋肉も臓器も動かなくなり、人間は死んでしまいます。そうなる前に、脳が「運動をストップしなさい」という危険信号を発します。これが中枢性の疲労で、いわば体を守るための安全装置のようなものです。

限界の手前でブレーキをかける中枢性の疲労は大切な機能ですが、体を動かすのに不慣れだと、中枢性の疲労があまりにも早く体にストップをかけてしまいます。運動自体に慣れていないため、どのくらいでATPの再合成ができなくなるかの正確なジャッジができず、余力が十分あるにもかかわらずブレーキをかけてしまうのです。

末梢性疲労のメカニズム

末梢性の疲労とは、筋肉内で生じるものです。筋肉は、筋肉に蓄えられている糖の一種である筋グリコーゲンを分解してATPを生み出し、エネルギーとして利用します。その分解過程で乳酸が生まれます。

乳酸はエネルギー源として使われますが、疲労する運動を継続していると、一時的に筋肉内に蓄積し、体内の水と反応して水素イオンを生じさせます。これにより、筋肉内の水素イオン濃度（pH）が酸性に傾きます。

筋肉に限らず、体内のpHは常に弱アルカリ性に保たれており、ATPを再合成する酵素も弱アルカリ性の環境で働くようにつくられています。つまり、筋肉内の乳酸が増え、水素イオンが過剰になり、pHが酸性に傾くと、ATPを再合成する酵素の働きが鈍ってしまいます。結果、エネルギー不足となって末梢性の疲労が起こります。

末梢性の疲労を起こさないために必要になるのが、水素イオン濃度を緩衝する能力です。pH の調整能力が高まると、乳酸が水素イオンに変わらず、乳酸のままで ATP を再生するエネルギー源として活用できるようになるため、末梢性の疲労を感じにくくなるのです。

10 低負荷・高回数のトレーニングで強くなる

中枢性の疲労であっても、末梢性の疲労であっても、トレーニングによって感じにくくさせることは可能です。それを鍛えるためには、どのようなトレーニングを行うべきか考えてみましょう。

中枢性疲労、末梢性疲労への耐久力を養うトレーニング

中枢性と末梢性の疲労の両方に負けない体をつくるためには、体が疲れるほどの高強度のトレーニングが必要になります。

高強度のトレーニングといっても、バーベルを使ったベンチプレスやスクワットのような、高重量を持ち上げるトレーニングや、全力のスプリントを繰り返すようなトレーニングではありません。

低負荷・高回数のトレーニングを推奨

中学生年代に対して推奨するのは、低負荷・高回数のトレーニングです。たとえば、バドミントンや卓球の多球練習や、野球でノックを受ける練習な

どが該当します。これらの練習で、疲れるところまで少し追い込むと、体力レベルが向上し、中枢性と末梢性の疲労に強くなっていきます。

低負荷・高回数トレーニングは低頻度で行う

疲れる練習は精神的なダメージがあるものなので、高頻度で行うのは間違いです。週に１回、２週間に１回程度で行うのがいいでしょう。

11 練習後に行う静的ストレッチを理解する

動的ストレッチについては前述のとおりですが、静的ストレッチとはどのようなものでしょうか。その役割を理解して、取り入れるタイミングなどを考えましょう。

筋肉を伸ばす静的ストレッチはケガ予防につながる

練習前のウォーミングアップが欠かせないのと同様、練習後の静的ストレッチはケガを予防するためにとても重要です。

青山学院大学 駅伝チームでは、練習の最後に20～40分かけて全員で静的ストレッチをし、さらに入浴後などに各々で足りないと感じている部分や、硬い部分のストレッチに取り組んでいます。疲労や硬さを感じたときだけにストレッチをするのではなく、練習および試合後の習慣として取り組むことが、ケガのリスクを軽減することにつながります。

筋肉は縮むことで力を発揮します。激しい運動や、筋力トレーニングをしたあとは、しばらく筋肉は縮んだ状態ですが、ケアをせずにそのまま放置しておくと、筋肉の緊張が解けず、筋肉のコリやハリ、柔軟性の低下などにつながります。

静的ストレッチの生理学的効果と習慣化による効果

静的ストレッチには、関節可動域の増大、骨格筋の緊張の緩和、血液循環の促進による疲労物質の除去などの生理学的効果があるとされており、運動後に縮んだ筋肉、緊張した筋肉に対するケアとして非常に有効です。

また、練習後に静的ストレッチを行うことを習慣化すると、自分の体の硬くなりやすい部位、昨日と今日のコンディションの差異、左右差などに気がつきやすくなり、その結果として、ケアへの意識向上、ケアの質の向上という効果も見込めます。

筋肉の柔軟性とケガの関係

静的ストレッチは柔軟性の向上に役立つものです。スポーツ選手にとって、筋力と同じように柔軟性は重要な要素ですが、柔軟性が低いからといって必ずしもケガをしやすいというわけではありません。ポイントは、柔軟性と筋肉量のバランスにあります。柔軟性を高めずに、筋肉を増やしてしまうと、ケガをしやすくなる場合があるのです。

肉離れの仕組みとその予防方法

体を動かすときは、いくつかの筋肉が同時に働いて関節を動かします。このとき、主に力を発揮する筋肉を主動筋と呼び、主動筋に対して逆の動きをする筋肉を拮抗筋と呼びます。ボールを蹴ろうと脚を振り上げる動作に当てはめると、主動筋がハムストリングス、拮抗筋が大腿四頭筋になります。

実際に体を動かしてみると、その仕組みがよくイメージできます。膝を曲げるとき、ハムストリングスという太ももの後ろ側の筋肉が縮み、太ももの前側にある大腿四頭筋が伸びます。膝を伸ばす動作では、大腿四頭筋が縮んで、ハムストリングスが伸長します。

ほかにも、肘を曲げる動作のとき、主動筋として働くのはいわゆる力こぶの部分にある上腕二頭筋で、拮抗筋は反対側に位置する上腕三頭筋ということになります。

このように、人間の体は前と後ろ、内と外の筋肉が対応しているのですが、片方の筋肉の力が強いのに、それに対応するもう一方の筋肉の柔軟性が低いと、引っ張る力に耐えきれず筋肉が損傷してしまうのです。

この主動筋と拮抗筋の筋力と柔軟性のバランスが崩れると、肉離れが起こりやすくなります。肉離れとは、筋線維の一部が断裂した状態のことで、医学的には筋挫傷と呼ばれます。

肉離れが癖になるといわれる原因もここにあります。患部が治癒しても、筋力と柔軟性のバランスという根本を解決しないと、何度も繰り返してしまうことになります。

ハムストリングスの肉離れは、筋力と柔軟性のバランスの悪さから起こる代表的なケガといえるでしょう。陸上の短距離選手には、大腿四頭筋の筋力が強いために、ハムストリングスの肉離れを起こす例が多くあります。そのほかにも、一瞬で大きな力がかかる瞬発系の動作、たとえばサッカーでボールを蹴るのも肉離れが起こりやすい動きです。脚を大きく後ろに引き上げたとき、ハムストリングスが収縮し、前側の大腿四頭筋が伸長します。このとき、大腿四頭筋の柔軟性が低ければ、肉離れを起こす可能性が高くなります。

運動後のケアとして静的ストレッチが重要なのはもちろんのこと、体のアンバランスを防ぐためにも、静的ストレッチを習慣化する必要があるのです。

12 柔軟性向上の理屈と正しい静的ストレッチ

静的ストレッチの役割について理解できたあとは、効果のメカニズムについての理解を進めましょう。論理的に理解できれば、そのやり方などが見えてきます。

静的ストレッチのメカニズム

筋力トレーニングが正しい負荷設定をしないと効果が見込めないのと同じように、静的ストレッチも正しい方法で取り組まないと十分な効果が得られないので、そのメカニズムを確認しておきましょう。

筋肉は、筋線維という線維状の細長い細胞が束になったものです。そして筋線維には、筋原線維が詰まっています。この筋源線維は、サルコメア（筋節）と呼ばれる小さな輪のような形をしたものが鎖のようにつながってできています。

ストレッチを定期的かつ継続的に行うと、サルコメアの数が増え、増えた分だけ筋原線維が長くなり、柔軟性が高まるのです。反対にストレッチが不足していたり、日常的に筋肉を使っていなかったりすると、サルコメアが減って筋原線維が短くなり、柔軟性は低下します。つまり、柔軟性を高めるには、サルコメアの数を増やす必要があるということになります。

静的ストレッチの仕組みと効果の得方

静的ストレッチでは、反動を使わず、ゆっくり静かに筋肉を伸ばし続けることが重要になります。反動をつけてグイグイと伸ばそうとするのは、柔軟性を向上させるうえでは逆効果ですし、無理に伸ばそうとすればケガにもつながるので注意が必要です。

筋線維には、筋紡錘というセンサーがついています。筋肉が震えるまで強く伸ばしたり、急速に伸ばそうとしたりすると、筋紡錘が危険を察知し、「縮め」という指令を出して体を守ろうとします。これは伸長反射と呼ばれる反応で、筋肉が前触れなく突如として伸ばされて、ダメージを負わないようにするための防衛機能です。
「指令が出ている状態」＝「ロックがかかっている状態」で、いくらストレッチをしても効果はありません。

サルコメアを増やすためのストレッチとしてもっとも適切なのは、少し痛みを感じるけれど気持ちいい、いわゆる“痛気持ちいい”と感じるポイントまで伸ばすこと。たんに、気持ちいいと感じるレベルだと伸ばし方が足りません。脳に「サルコメアを増やして筋原線維を長くする必要がある」と判断させなければならないからです。

効果を得るための時間設定

筋紡錘によるロックがかかっていない、痛気持ちいいと感じるところまでゆっくりと伸ばし、呼吸をしながら30秒ほどキープするのが静的ストレッチの基本になります。筋肉の両端は腱となって骨に付着していますが、腱にも腱紡錘というセンサーが備わっています。筋肉を15秒以上伸ばし続けると、腱紡錘にスイッチが入って脊髄から「もっと緩めなさい」という指令が出ます。これは、筋肉が伸びすぎてダメージを負わないようにするための反応です。同時に伸びている筋肉と反対の働きをする筋肉（拮抗筋）に対しては、「縮めなさい」という指令が出ます。拮抗筋が縮むと筋肉はさらに伸びやすくなるからです。

15秒以上ストレッチをしていると、ふっと抵抗が緩んで、もう少し伸ばせる感覚が得られます。それが腱紡錘にスイッチが入って筋肉が緩んだ証拠です。そこから一定時間姿勢を保持すると効果を得やすいので、30秒が基準になっているのです。

静的ストレッチの推奨頻度

ストレッチは一部位に対して1回30秒でも十分に効果は得られますが、2〜3セット繰り返すと、より効果は高まります。回数を重ねると、筋肉を包んでいる筋膜の抵抗性が下がり、筋肉がよく伸びるようになるからです。また、筋肉は温かいほうが伸びやすいという性質があるので、トレーニング後や入浴後のように、体が温まっているタイミングで静的ストレッチをすることが推奨されています。

静的ストレッチを行う頻度に関してですが、柔軟性を高めることが目的であれば、毎日取り組むべきでしょう。1週間に1回程度の頻度だと、脳が「すぐにサルコメアを増やして筋原線維を長くする必要がある」という判断をしないからです。

筋肉のメカニズム

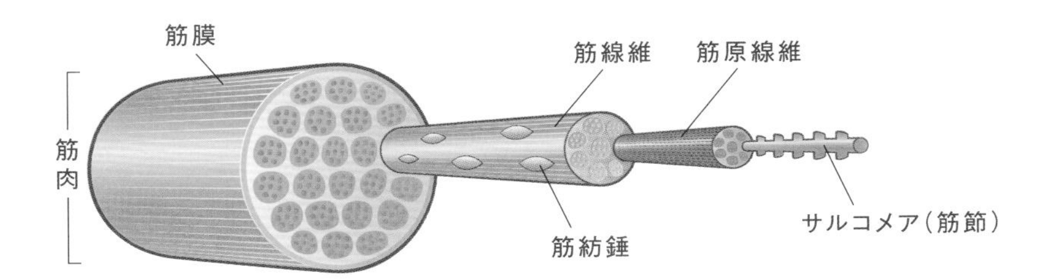

13 過度な柔軟性は不必要

静的ストレッチによって筋肉の柔軟性を養うことは推奨されますが、競技によってその程度は変わります。筋肉の柔軟性を高めると、どのようなリスクがあるのかを学び、必要とされる柔軟性の程度について考えていきましょう。

過剰な柔軟性にはリスクがある

ケガを予防するために、ある程度の柔軟性は不可欠ですが、柔軟性が高ければ高いほどいいかというと、そういうわけではありません。

体操選手やバレリーナには、美しい演技を実現するために、かなりの柔軟性が求められますが、野球選手やサッカー選手にあれだけの柔軟性が必要かといわれたら、答えは「ノー」です。過剰な柔軟性にもリスクがあるからです。

筋肉の柔軟性と関節の安定性の関係

筋肉にはそれぞれ必要な柔軟性があり、関節の可動域も決まっています。適切な可動域以上の柔軟性を得ようとすると、関節が不安定になります。関節が不安定になると、靭帯の負担が増えてダメージを受ける可能性が高くなりますし、瞬間的なパワーが出しづらくなります。

筋肉と関節が硬過ぎるのはケガの原因になりますが、柔らかすぎるのもまたトラブルのもとなのです。

第5章

知っておきたいセルフ関節モビライゼーション

セルフ関節モビライゼーション

セルフチェックと実行方法

一般社団法人アスリートキャリアセンター講師
青山学院大学陸上競技部長距離ブロックトレーナー

Hagiwara Masato
萩原聖人

01 セルフ関節モビライゼーションとは

柔軟性の低下、関節可動域の減少は、大人だけでなく中学生の年代から見受けられます。セルフ関節モビライゼーションによって可動制限が改善し柔軟性が高まると、スムーズで無駄のない動きが可能になり、ケガの減少や運動パフォーマンスの向上につながります。

関節の"あそび"を正常化させる関節モビライゼーション

関節モビライゼーションとは、リハビリテーションの現場でも用いられる手法で、関節の"あそび"を正常化することにより、関節の動きを良くするものです。関節に痛みのないスムーズな運動を回復させ、関節や周囲の軟部組織（おもに関節包、筋肉、腱、靱帯）の柔軟性の維持を目的とします。

関節の"あそび"が正常化すると、適正な姿勢や動きを保つことができるようになり、ケガの予防やパフォーマンスの向上が見込めます。

また、関節モビライゼーションを行うことで、関節内での滑液の循環が促進され、関節面の滑りが円滑になるといった効果も期待できます。

そもそも関節の"あそび"とは

わかりやすくいうと、自動車のハンドルの"あそび"と同じです。専門的には関節周囲の筋などを弛緩させた状態で外力によって関節面を動かすことにより起こる"関節のわずかな動き"になります。私たちが日常生活で支障なくスムーズに体を動かせるのは、関節に少し融通＝「あそび」がきくようにできているからです。人体には、200以上の関節がありその1つのあそびが減少しただけで、筋・骨格系に支障をきたしたり、別の部位の関節運動に影響を及ぼすことがあります。

部位別のチェック&ケア方法

続いて代表的な関節可動域のセルフチェック方法と、各部位のセルフ関節モビライゼーションの方法を紹介します。

セルフチェックで可動域を確認する

まずはセルフチェックをし、可動域が制限されているようであれば、セルフ関節モビライゼーションを行います。セルフ関節モビライゼーションは短時間で効果的に可動域の改善が得られることが特徴です。実施後にもう一度セルフチェックを行って、改善の具合を確認しましょう。

定期的にセルフチェックを行うと、自身の各部位の改善状況を把握できるだけでなく、運動指導者にとってはチームのコンディション管理にも役立ちます。

セルフ関節モビライゼーションの実践方法

セルフ関節モビライゼーションは、①離開（牽引）、②圧迫、③滑り、④転がり、⑤軸回旋という5つの関節の動きを、組み合わせながら行います。実技を行う際には、安静位（その部位が一番脱力できると感じられる姿勢）で行うようにしましょう。

足関節

足関節可動制限の影響

足首の可動域が低下していると、足関節捻挫などが起こりやすくなります。また、ジャンプやサイドステップといった動作の着地などで膝への負担が大きくなり、スポーツ障害の原因にもなります。

また、かがむ動作がスムーズに行えないため、構えやスクワットの際に腰が落とせないといったことも起こります。

このような対象者におすすめ

- ☑ 足首が硬いと感じる（曲がりづらい）
- ☑ しゃがめない（踵が浮いてしまう）

足関節可動域のセルフチェック方法

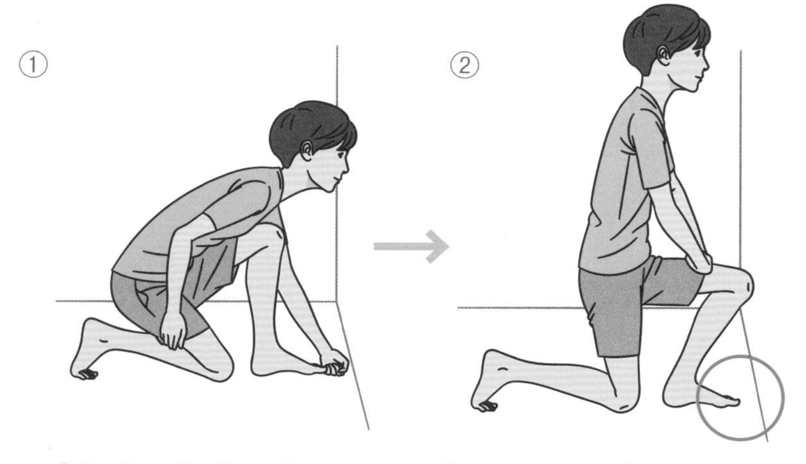

①壁の前で、握り拳１つ分のところに片方の足のつま先を置く

②そのまま踵が浮かずに膝が壁につくか確認する。左右を変えて行う

○ 踵が浮かずに膝が壁につく
× 踵が浮く、膝がつかない

参考：「室伏長官が考案・実演する身体診断『セルフチェック』動画」スポーツ庁

足関節セルフ関節モビライゼーションの方法

①

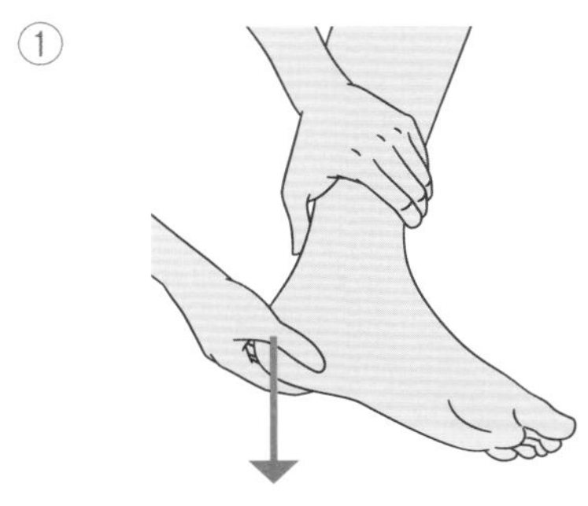

①片方の手でアキレス腱の下、踵を持ち、もう一方の掌でくるぶしよりやや上をつかみ固定する。 踵をアキレス腱から引き離すように10回牽引することを繰り返す

②

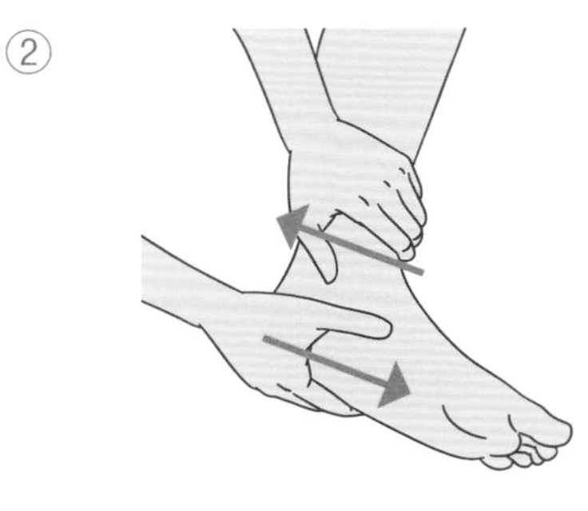

②片方の手で踵を包み込むように持ち、もう一方の掌でくるぶしよりやや上をつかみ固定する。 掌で踵をつま先の方向へ押し出し、同時に脛側の掌は手前に脛を引きつける方向に力を入れ、関節の小さな動きを引き出すようなイメージで10回動かす

③

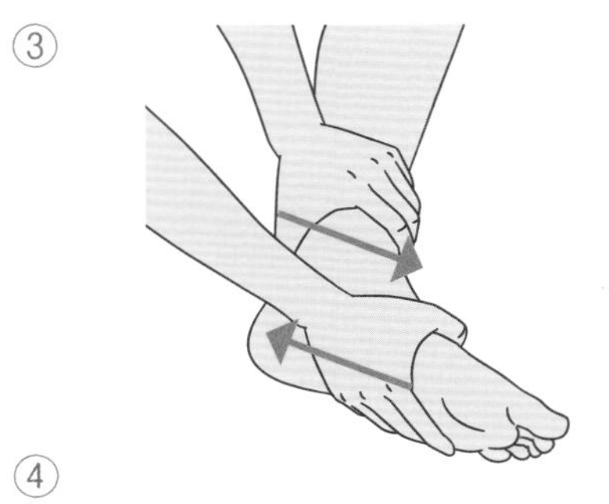

③片方の手は足の裏側から、甲を包み込むように持ち、もう一方の掌はアキレス腱側に当てるようにし、脛を固定する。 掌で踵を踵の方向へ引きつけるようにし、同時にアキレス腱側の掌は押し出す方向に力を入れ、関節の小さな動きを引き出すようなイメージで10回動かす

④

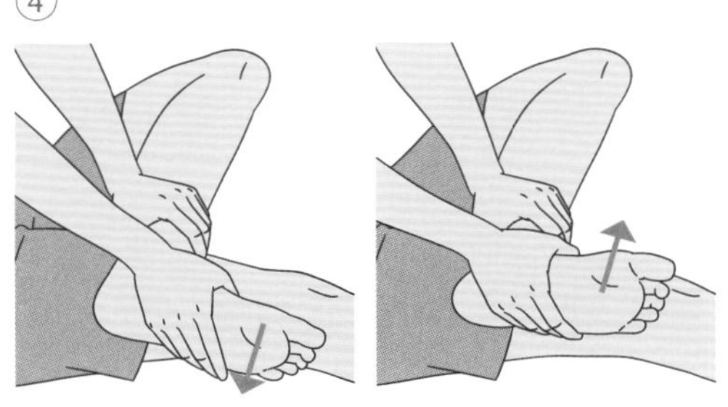

④片方の手は足の裏を包み込むようにもち、くるぶしよりやや上をつかみ固定する。 足の裏を掴んだ手で、足先を床側(外転方向)に小さく10回動かす。中間位に戻し、同様に足先を天井方向(内転方向)に小さく10回動かす

※①～④のあと、逆側の足も行う

肩関節

肩関節可動制限の影響

　肩関節の可動域が低下していると、野球の投球やバレーボールのスパイク時などに負担がかかり、痛みや障害の原因になります。また、肩関節がスムーズに動かないことで背骨にも負担がかかり、腰痛などにもつながります。

このような対象者におすすめ

- ☑ 肩甲骨周りが硬いと感じる
- ☑ 肩が前に入った姿勢になっている

肩関節可動域のセルフチェック方法

①足を腰幅にして立ち片手を肩側から、もう一方の手を腰側から回す

②背面で両方の手を近づける。左右を変えて同様に行う

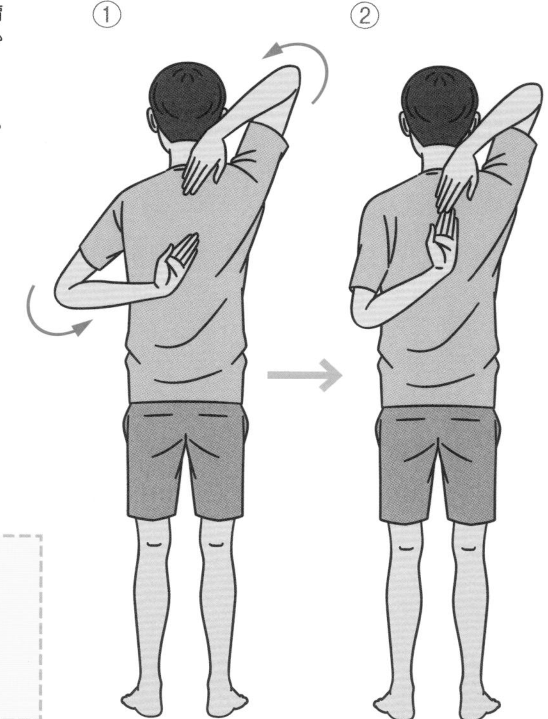

○　指先が届く
or
つなぐことができる

×　指先が届かない

肩関節セルフ関節モビライゼーションの方法

太ももに手をつき、少し前かがみになります。片手を膝について支えにする。「セルフモビライゼーションを行う側の手」で、おもり（1Kg くらい）を持ち、肩の力を抜いてたらす

①

①「前後」方向へ 10 往復動かす

②

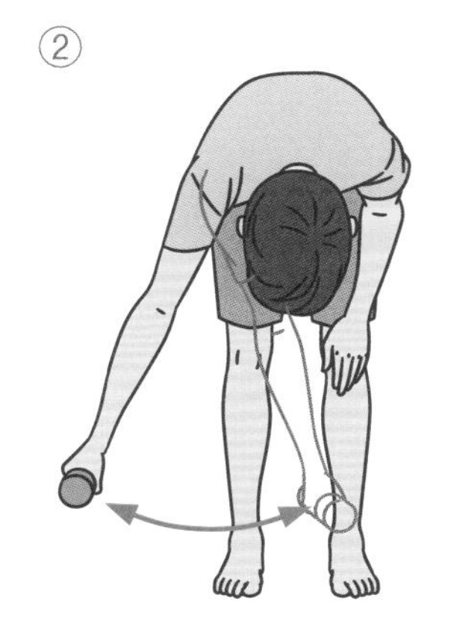

②「左右」方向へ 10 往復動かす

③

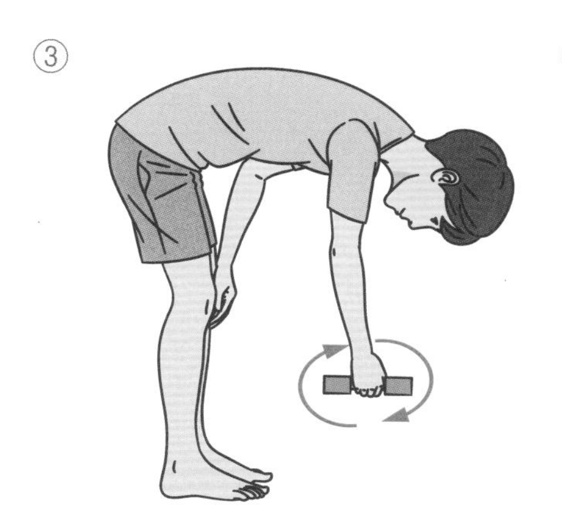

③「円を描く」を内回し 10 回、外回し 10 回行う

④

④なれてきたら、身体をさらに倒して行う

※①〜④のあと、逆側の腕も行う

股関節

股関節可動制限の影響

股関節の内旋、外旋の可動が制限されていると、膝やつま先の向きにねじれが生じやすいため、半月板損傷や側副靱帯の損傷リスクが高まります。

また、投球やテニスなどのスイング動作時に下半身の捻りがスムーズに行えないため、手投げ、手打ちになりやすい傾向があります。

このような対象者におすすめ

- ☑ 構えや動作時などに股関節に詰まり感がある
- ☑ スクワットなどのしゃがむ動作で膝が内側に入る

股関節可動域のセルフチェック方法

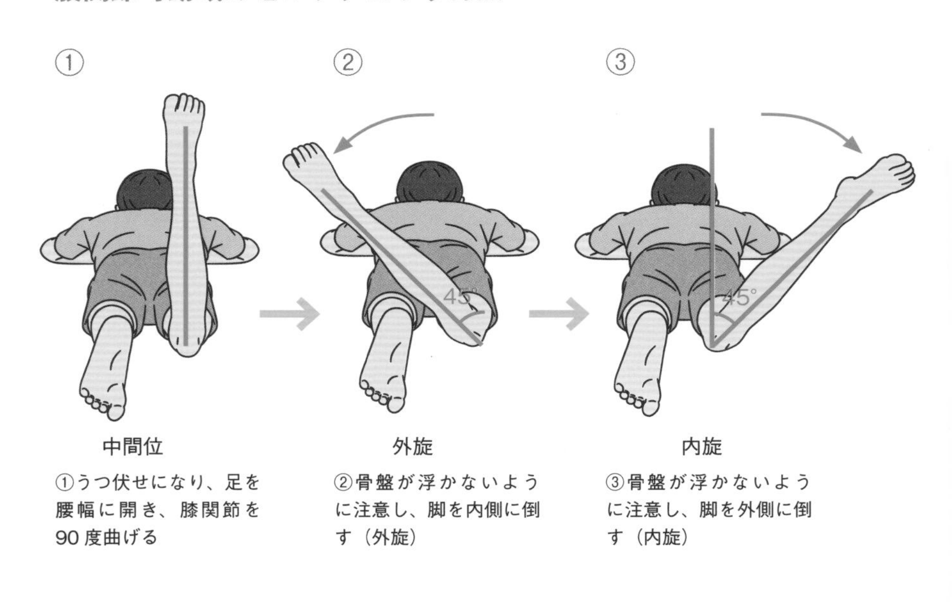

中間位
①うつ伏せになり、足を腰幅に開き、膝関節を90度曲げる

外旋
②骨盤が浮かないように注意し、脚を内側に倒す（外旋）

内旋
③骨盤が浮かないように注意し、脚を外側に倒す（内旋）

○ 外旋・内旋が 45 度程度（35 ～ 55 度の範囲）の場合
× 内旋や外旋が 35 度未満、55 度を超える場合

股関節セルフ関節モビライゼーションの方法

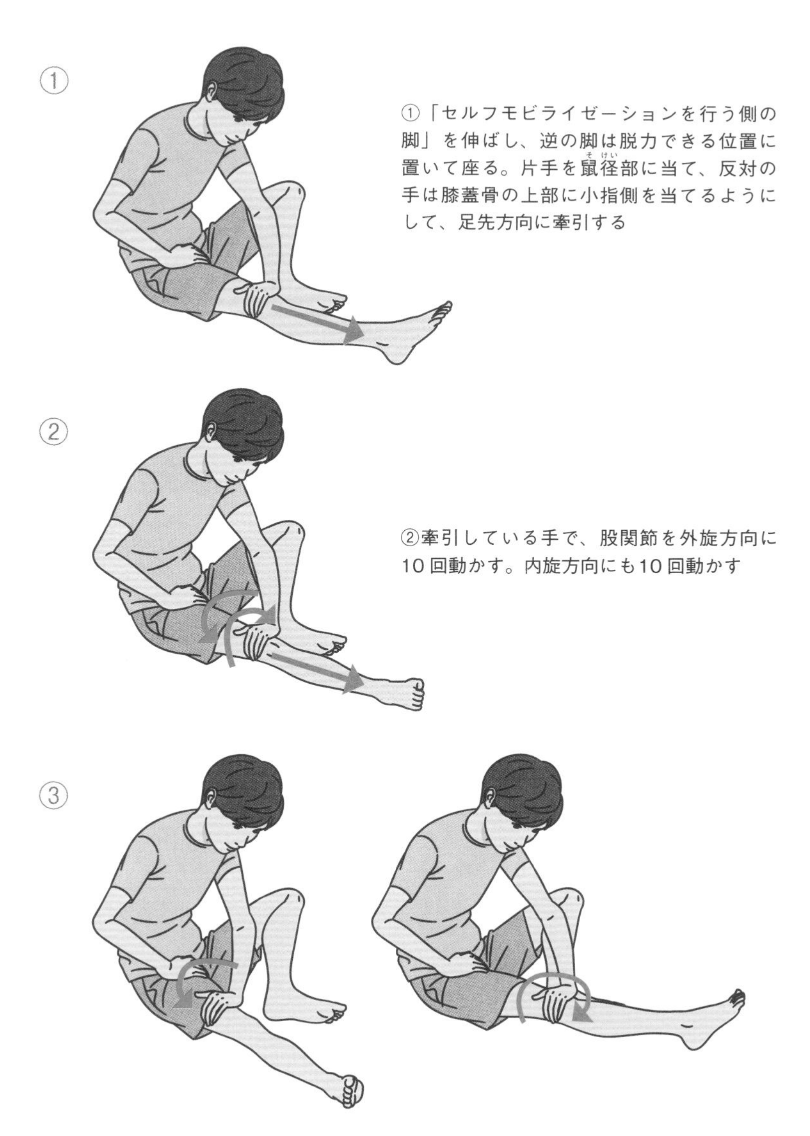

①「セルフモビライゼーションを行う側の脚」を伸ばし、逆の脚は脱力できる位置に置いて座る。片手を鼠径部に当て、反対の手は膝蓋骨の上部に小指側を当てるようにして、足先方向に牽引する

②牽引している手で、股関節を外旋方向に10回動かす。内旋方向にも10回動かす

③脚を置く位置を外側に変えて(股関節外転)、外旋方向に10回動かす。
脚を置く位置を内側に変えて(股関節内転)、内旋方向にも10回動かす

※①～③のあと、逆側の脚も行う

膝関節

膝関節可動制限の影響

膝関節の可動域が狭くなっていると、下肢のケガの要因になります。変形性膝関節症を引き起こすリスクも高くなります。また、膝が伸びにくいため、陸上選手などは腰が落ちたフォームになりやすいといえます。

このような対象者におすすめ

- 長座をしたときに膝が伸びない
- 動きの中で膝の曲げ伸ばしがスムーズに行えない

膝関節可動域のセルフチェック方法

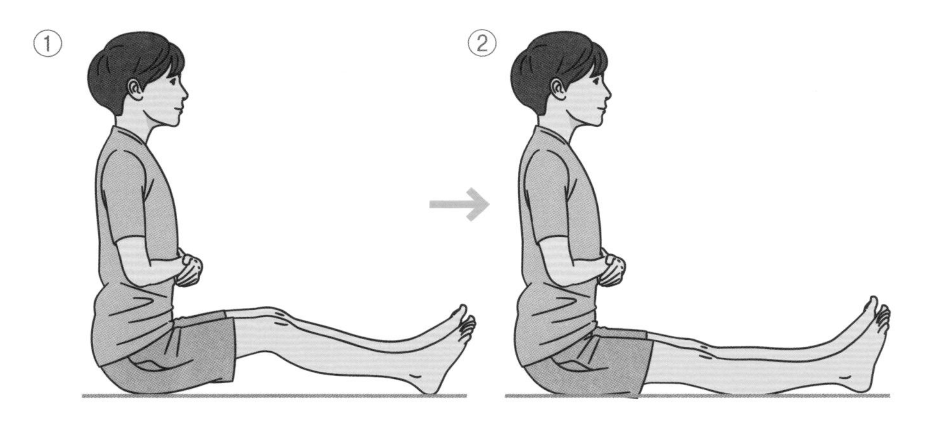

①骨盤を立てて背筋を伸ばした状態をつくる　②姿勢を保ったまま膝を伸ばす

○　骨盤を立てたまま膝が伸ばせる（膝裏が床に着く）
×　膝が伸び切らない（膝裏が床から浮く）

膝関節セルフ関節モビライゼーションの方法

①

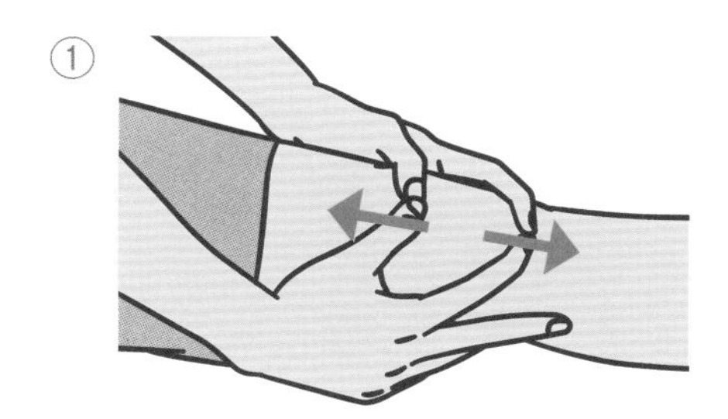

①上下方向
膝関節を伸ばした状態をつくり、膝蓋骨の上部に両手の親指、下部に人差し指を当て、膝蓋骨を上側に10回動かす。最初の状態に戻してから下側に10回動かす

②

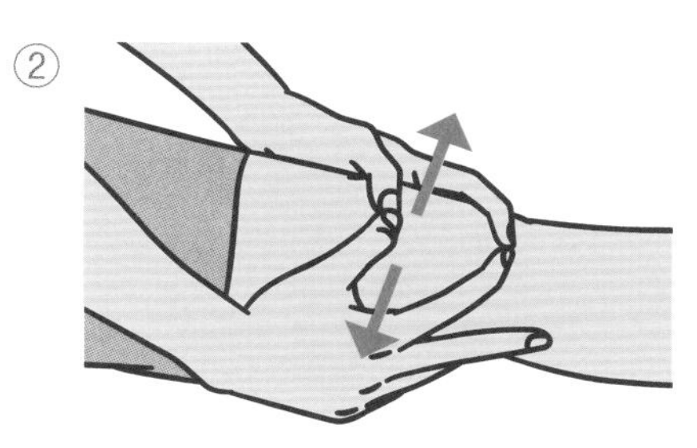

②内、外側方向
膝関節を伸ばした状態をつくり、膝蓋骨の両側に人差し指を当て、膝蓋骨を内側に10回動かす。最初の状態に 戻してから外側に10回動かす

③

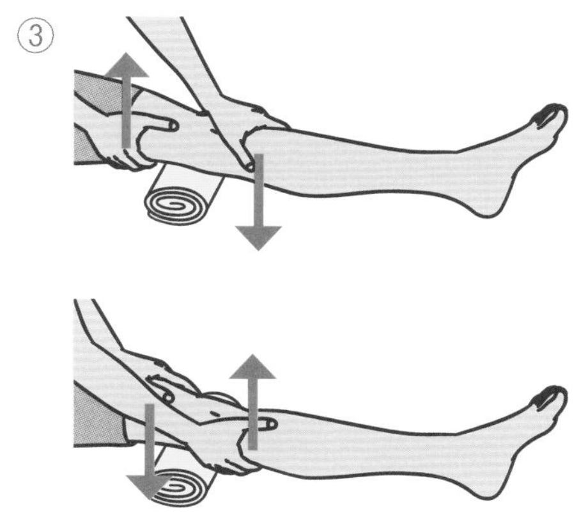

③前後方向
膝裏に丸めたタオルを入れて関節を緩め、膝に近い大腿部と下腿に掌を当てる。関節の小さな動きを引き出すイメージで、下腿は掌で床方向に押し、同時に大腿は天井方向に押すことを10回繰り返す。手を入れ替え、下腿は掌で天井方向に押し、同時に大腿は床方向に押すことを10回繰り返す

※①〜③のあと、逆側の脚も行う

胸椎関節

胸椎可動制限の影響

　胸椎の可動域制限が起こると、腰椎の関節（椎間関節）や椎間板などにストレスがかかり、椎間関節性腰痛などが生じる可能性があります。また、ゴルフのバックスイングやテニスのフォアハンドのテイクバック、フォロースルーなどの捻り動作の制限につながります。

このような対象者におすすめ

- ☑ 身体の捻り動作が行いにくい（左右差がある）
- ☑ 背中や腰にハリや痛みを感じる

胸椎可動域のセルフチェック方法

①壁から拳２つ分のスペースをつくり椅子に座る。足の裏を床につけ、膝をそろえる
②両腕をクロスさせ、右手を左鎖骨、左手 を右鎖骨に添える。両腕が床と並行になるまで肘を上げる
③それぞれの腕の高さを維持しながら、身体を左右に回し、二の腕が壁につくかを確認する

①

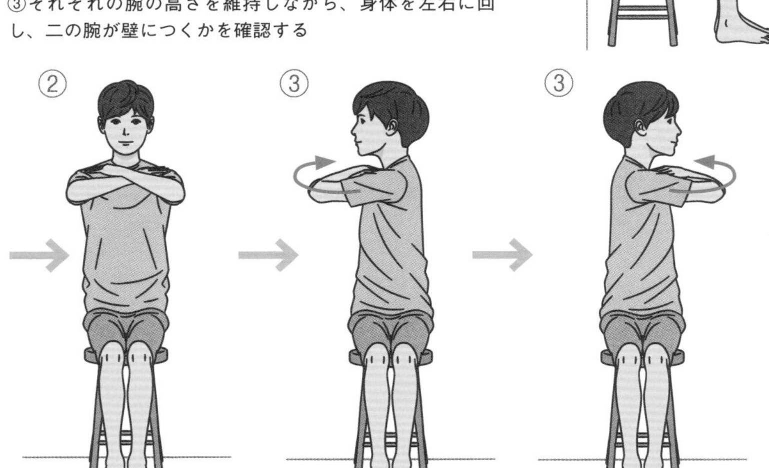

○　両方の二の腕が壁につく
×　二の腕が壁につかない（片方のみも含む）

参考：「室伏長官が考案・実演する身体診断『セルフチェック』動画」スポーツ庁

胸椎セルフ関節モビライゼーションの方法

①

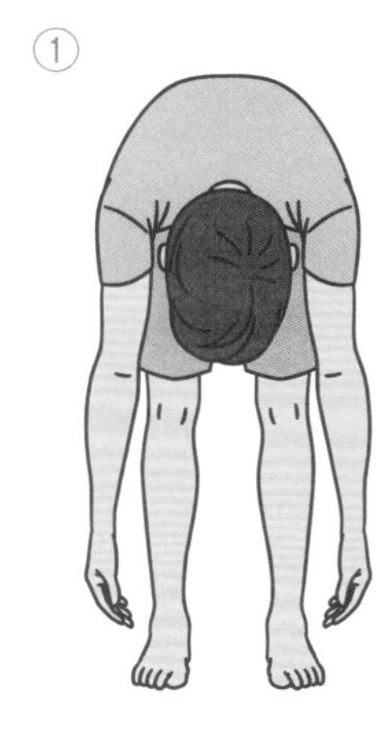

①膝を軽く曲げ、背中を丸めて前に倒す。首や腕の力も抜く

②

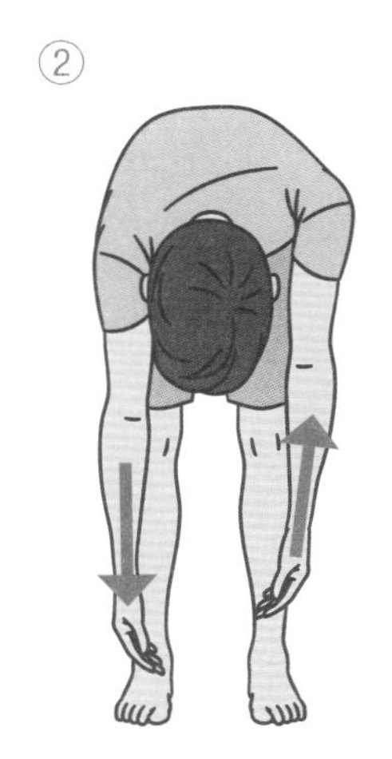

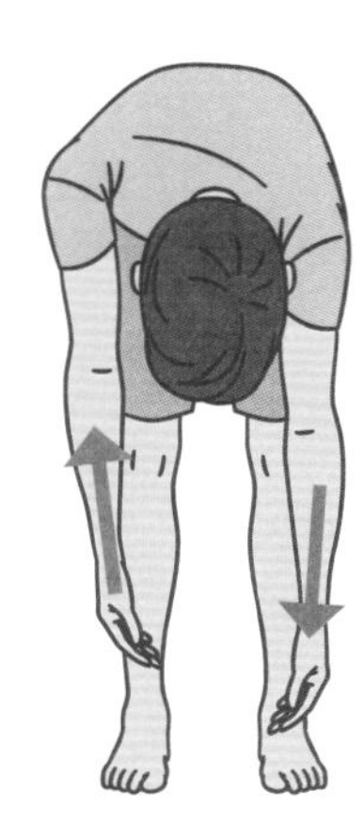

②腕を交互に上下するよう10回動かす。身体を少し起こした位置や倒した位置など、前屈する度合いを変えて、さらに10回ずつ行う

第6章

ケガの予防と心のケア

外傷の予防方法
スポーツ障害の予防方法
知っておきたい疲労回復方法
有効なメンタルケア方法

フィジカルトレーナー
アメリカスポーツ医学会認定運動生理学士
株式会社スポーツモチベーション最高技術責任者
一般社団法人フィジカルトレーナー協会代表理事

Nakano James Shuichi
中野ジェームズ修一

スポーツによるケガとその応急処置

スポーツをしていると、十分に注意をしていたとしてもケガをする可能性はあります。それでは、ケガを負ったときにはどのような処置をすべきでしょうか。もしものときのために、正しい知識を身につけておきましょう。

スポーツによるケガの種類

スポーツの現場で起こるケガには、大きく分けて外傷と障害の２種類があります。

運動中に体に突然、大きな力が加わって起こる不慮のケガが外傷です。たとえば、走っていて転倒した際にできた擦り傷、野球のプレー中にボールが当たってできた打撲、サッカーのプレー中に相手と接触してバランスを崩して起こった足首の捻挫、これらはすべて外傷になります。

一方で障害は、一定の動作の繰り返しによって特定の部位が酷使されたことが原因で起こるもの。投球動作を繰り返すことで引き起こされる野球肘、ラケットでボールを打つことを繰り返して起こるテニス肘などが障害に該当します。

外傷時の応急処置 RICE 処置の役割

スポーツの現場で捻挫や打撲、肉離れなどの外傷にあたるケガを負った際、速やかに行うべき応急処置を RICE（ライス）処置といいます。

RICE とは、REST（安静）、ICE（冷却）、COMPRESSION（圧迫）、

ELEVATION（挙上）の頭文字をとったものです。

靭帯や筋肉が外力（本来耐えうる以上の力で引き伸ばされたり、ぶつかったりする）によって損傷すると、細胞膜が壊れて細胞液が周囲に流れ出します。加えて、毛細血管が切れてしまうことで、血液がその周囲に流出します。流れ出た細胞液や血液が周囲に浸透し始めると、水圧によって近くの細胞血管内の血流が阻害されます。すると、患部以外の健康な細胞への酸素や栄養素の供給が絶たれ、健康だった細胞まで死滅してしまいます。これを二次的低酸素障害といいます。この二次的低酸素障害を防ぐために、速やかにRICE処置を行う必要があるのです。

RICE処置をした場合としなかった場合の損傷の広がりの違い

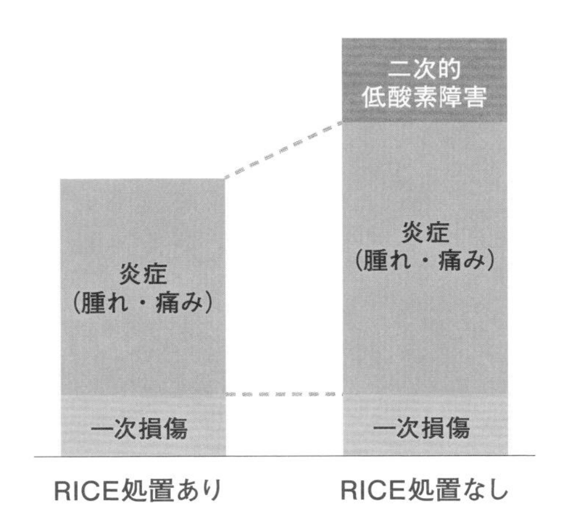

『スポーツアイシング』山本利春、吉永孝徳著（大修館書店）を基に作図

RICE処置の具体的な方法

外傷後にRICE処置が必要な理由は、前述で理解してもらえたことでしょう。ここからは実際にどのような処置を、どのくらいすべきかについて解説していきます。

RICE処置の方法とそれぞれの効果

それではRICE処置とは具体的に何をするのかを説明していきましょう。

❶REST（安静）

・運動を中止し、患部を固定して安静を保ちます。安静にすることで、余分な血流を抑え、患部の腫れや、血管・神経の損傷を防ぐことが目的です。

❷ICE（冷却）

・氷を使って患部を冷やします。冷却することで血管を収縮させて炎症や出血を抑え、痛みを軽減させます。また、細胞の代謝レベルを下げ、二次的低酸素障害による細胞壊死の周囲への広がりを防ぎます。

❸COMPRESSION（圧迫）

・周囲の組織や血管を圧迫します。患部に細胞液や血液が滲み出して内出血や腫れが起こるのを抑制します。

④ＥＬＥＶＡＴＩＯＮ（挙上）

・患部を心臓よりも高く持ち上げます。患部への血流を減らし、腫れや内出血を抑えます。

RICE処置は４つを同時に行う

この４つを同時に行うのがRICE処置です。

たとえば、足首を捻挫した疑いがあったとしましょう。氷嚢または食品保存用袋や２枚重ねたビニール袋に、氷とごく少量の水を入れ、患部に密着させるために内部の空気を抜きます。患部に氷袋を当て、専用のアイスラップや包帯などを使って圧迫します。足首の位置が心臓より高くなるように、重ねたタオルや椅子などの上に置き、安静にします。

RICE処置に必要な時間

時間は20分。ケガのレベルによっては様子を見ながら２時間おきに、24～72時間（１～３日）継続的に続けます。

一度に30分以上行うと、今度は冷え過ぎた体を温めようとする機能が働き、逆に血流が促進されて圧迫させてしまう可能性があります。冷やし過ぎないように注意してください。また、肌が弱い人は氷嚢と皮膚の間に手拭いを挟んでも構いません。

速やかにRICE処置を行えば翌朝には回復できたはずのものが、処置を怠ったために、回復までに何週間もかかってしまうということもあります。 痛みがそれほどでもないからと捻挫や打撲を放置しないよう注意してください。

すぐに処置できるように準備を整えておく

部活動中に生徒が外傷を負った際、速やかにRICE処置を行えるよう、準備をしておくのも指導者の大切な役割です。グラウンドや体育館など、部活動を行っている場所に、氷とRICE処置のための道具を用意しておくのが理想ですが、それが難しい場合でも、保健室など氷を準備しやすい場所には常に備えがあり、すぐにアクセスできる状態にしておきましょう。

とくに気をつけなければならないのは、合宿や試合時です。合宿をしている宿舎から離れたグラウンドなどで練習をしていて、宿舎に戻らなければＲＩＣＥ処置が行えない、試合会場に氷の準備がなく家に戻るまで冷やすことができないといったことが起きないよう、準備を整えておく必要があるでしょう。

最後にもう１つ。頭・首・背中の外傷や、大量出血、骨折が疑われる大きな変形など、重症な場合はすぐに救急車やドクターを呼び、むやみに体を動かなさないようにしてください。

03 スポーツ障害の予防の基礎

これまでは、ケガのなかでも外傷に関して解説してきました。ここでは、障害にあたるケガについて説明します。障害はトレーニング方法を見直すことでも防げる可能性があるので、正しい知識を身につけてしっかりと対処していきましょう。

スポーツ障害は特定部位の酷使が原因

スポーツ障害は、一定の動作の繰り返しによって、特定の部位が酷使されることで起こります。投球動作を繰り返すことで引き起こされる野球肘、ラケットでボールを繰り返し打つことで起きるテニス肘などがその代表例。

成長期年代では、ジャンプやダッシュ、キック動作などが原因で起こるオスグッド病と呼ばれる膝の障害も多く見られます。また、一定の動作の繰り返しは疲労骨折の原因にもなります。

成長期の子どもにはとくに注意が必要

ウォーミングアップ不足、フォームの悪さなども要因にはなりますが、スポーツ障害の際たる原因はオーバーユース、酷使にあります。

フォームが美しく、ウォーミングアップやトレーニング後のケアを十分にやっているトップアスリートでさえ、肘や膝のスポーツ障害を起こすことからも、オーバーユースがいかに危険なのかが想像できるでしょう。とくに体が大きくなる中学生、高校生年代は、骨がまだ柔らかく、過度な負荷をかけ続けると、骨が変形する可能性があるので、大人以上に注意が必要です。

骨の成長が止まる年齢

骨の成長が止まる年齢には個人差がありますが、肩関節周辺の骨は18～21歳、肘関節周辺の骨は14～18歳、膝関節周辺の骨は16～21歳、股関節周辺の骨は16～20歳とされています。骨の成長が止まり、骨格が安定するまでは慎重にトレーニングをしなければいけないことを、スポーツ指導者は心得ておきましょう。

最大の予防策は酷使を避けること

スポーツ障害の大きな要因は、一定の動作の繰り返しによる特定部位の酷使ですから、最大の予防策は“該当する行為をしない”ということです。

野球ならば、ひたすら投球を繰り返す、延々と素振りをするといった練習はスポーツ障害につながります。テニスなら、強いボールを打ち返す練習や、サーブ練習を過度に繰り返せば肘を痛めてしまうでしょう。

サッカー、バスケットボール、バレーボールなど、ダッシュやジャンプ動作が多い競技はオスグッド病を起こしやすいといえます。ダッシュやジャンプ動作を含む練習の量は、指導者がコントロールする必要があるでしょう。

体に負担をかけるだけのトレーニングは避ける

近年は、オスグッド病のリスクが高く、危険であることが認知されているウサギ跳びを部活動の練習に取り入れていることはないと思いますが、腕立て伏せや腹筋運動であっても何百回も続ければ負担になります。ほかにもグラウンドを何十周も走るといった、ただただ体に負担をかけるだけのトレーニングは絶対に避けてください。

他競技に取り組むことも予防策の1つ

1つの競技をやり込むと、どうしても特定の部位が酷使されがちです。可能であれば、小学生、中学生時に野球やサッカーばかりに専念せずに、水泳や体操などの左右対称な動きが多いスポーツにも取り組んだり、夏は野球やサッカーなどの屋外スポーツをプレーして、冬はバスケットボールやバレーボールなどの屋内スポーツや、スキー・スノーボードを楽しんだりするといった方法が推奨されます。

トレーニングに別競技を取り入れる

1つの競技に特化しないことで、スポーツ障害のリスクが小さくなるだけでなく、さまざまな運動能力を鍛えることができますし、部活動の理念の1つである「スポーツの楽しさや喜びを味わい、生涯にわたって豊かなスポーツライフを継続する資質や能力を育てる」ということにもつながるでしょう。

1つの競技に集中するなといわれても「上達するにはやり込む必要がある」「中学校・高校の部活動で兼部するのは難しい」という意見もあるでしょう。

しかし、練習のなかにほかのスポーツを取り入れられるはずです。多くのスポーツで心肺機能は重要ですが、その鍛え方にはさまざまな方法があります。競技の練習やランニングで追い込むことが一般的かもしれませんが、自転車や水泳、クロスカントリースキーでも心肺機能のトレーニングが可能です。たとえば、サッカーの練習後に走り込みで心肺機能を高めようとすれば、膝への負担が大きくなります。それを自転車や水泳などに置き換えれば、膝への負担を減らすことができるのです。

プロのアスリートも、オフシーズンに別の競技を取り入れたりしています。普段行わない動作をすることで体に良い刺激になりますし、気分転換の要素もあるでしょう。青山学院大学 駅伝チームでも、ダンスをトレーニングに取り入れています。さまざまな体の使い方を覚えることで、パフォーマンスアップにつながると同時にケガの予防にもなるからです。

練習量制限も指導者の役割

部活動の指導者は生徒たちがオーバーユースにならないよう、練習メニューを工夫する必要がありますし、練習量を制限するのも大人の役割だと思います。また、部活動の地域移行とともに、今までよりも複数の競技に挑戦しやすい環境を整えることも重要だといえるでしょう。

トレーニングによる正常な痛みとケガの区別

トレーニングを行うと、筋肉痛などの痛みを伴う場合があります。とくに、新しい動きを取り入れたりすると、その痛みは生じやすくなります。そういった正常な痛みなのか、ケガによる痛みなのかは正しい知識がないと判断を誤ります。しっかりと区別できるように、理解を深めましょう。

痛みの原因を判断するのは難しい

どのようなトレーニングでも、筋肉や関節に負荷はかかるものなので、当然、痛みが出る可能性があります。その痛みが、いわゆる筋肉痛レベルのもので、大きな問題ではないのか、ケガの兆候からくる危険なものなのか、専門的な判断はできなくても、ある程度把握できるようにしておく必要が、部活動の指導者にはあるでしょう。

下の表は、それを判断するための目安になります。とくに、トレーニングの時間や強度が変わったとき、練習に新しい動作を取り入れたときには、痛みが出やすいので注意が必要です。

ケガの痛みの区別の仕方

正常な痛み（通常の筋肉痛か危険信号までいかない程度の痛み）	危険信号（ケガの徴候からくる痛み）
身体の両側	身体の片側
全体的に感じる	局所的に感じる
筋の中央に感じる	関節周囲に感じる（関節部の腱や靱帯）
トレーニング強度を変えたあとに見られる	毎回見られる
トレーニング時間を変えたあとに見られる	毎回見られる
新しいメニュー、新しいコースで見られる	いつものメニューで見られる
ウォームアップのあとによくなる	トレーニング中に悪化する
日々、徐々によくなっている	悪化している、変わらない
フォームに影響しない	フォームに影響されている

※あくまでも1つの目安です。とくにトレーニング時間や強度が変わったとき、新しい動作をしたときには注意が必要です。通常であれば1〜2日程度で回復するはずですが、痛みが悪化し続けている、痛みがあることによりフォームを変えなければならない、しっかりウォームアップをしても痛みが続く場合には医師・トレーナーに相談すること。

ケガが原因でなければ1～2日で回復

通常であれば1～2日で回復するはずですが、痛みが変化し続けている、痛みがあることでフォームを変えなければならない、十分にウォーミングアップをしても痛みが続く場合は、ドクターやトレーナーに相談するようにしてください。

また、痛みが出た場合はそのままトレーニングを継続することは避け、速やかにアイシングなどのケアを行いましょう。

部活動の現場で起こりやすい下肢の障害

●膝蓋腱炎（しつがい）

ランニングやジャンプ動作の、とくに、着地時に膝の皿の上下に痛みや違和感がある場合、膝蓋腱炎が疑われます。ジャンパー膝という別名があるとおり、バレーボールやバスケットボールなどのジャンプや着地動作、サッカーのキック動作、ダッシュなどを繰り返すことで引き起こされる膝のスポーツ傷害です。

膝関節の屈伸動作を頻繁に、かつ長時間にわたって行うと、膝蓋腱に過度に負荷がかかり炎症が起こります。

大腿四頭筋の柔軟性不足も要因の１つとなります。とくに、成長期には骨の成長に筋肉の成長が追いつかず、大腿四頭筋の柔軟性不足になることが多いので注意が必要です。

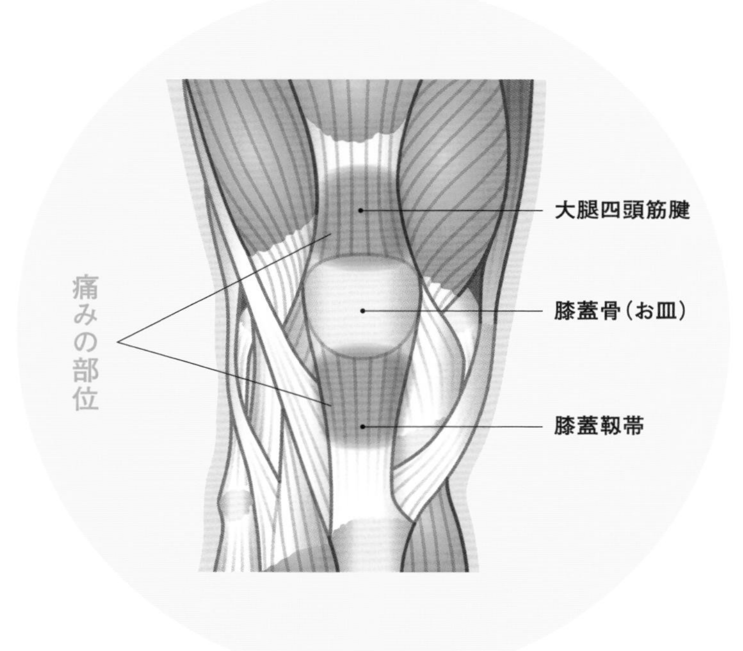

腸脛靱帯炎

脚に体重を乗せた際に、膝横に痛みや違和感がある場合、腸脛靱帯炎が疑われます。ランニングによる膝傷害の代表です。

腸脛靱帯は、太ももの外側を通る大きく丈夫な靱帯で、腸骨から膝関節をまたいで脛骨までつながっています。膝の曲げ伸ばしを繰り返し、大腿骨の外側の隆起と腸脛靱帯が擦れ合うと炎症が起き、痛みが生じます。

腸脛靱帯は大腿筋膜張筋と大臀筋の一部を起始としているため、この２つの筋肉が硬くなると、腸脛靱帯が引っ張られ、大腿骨外側の骨隆起との隙間がなくなり、炎症が起こりやすくなります。また、内転筋群の筋力不足も原因になります。

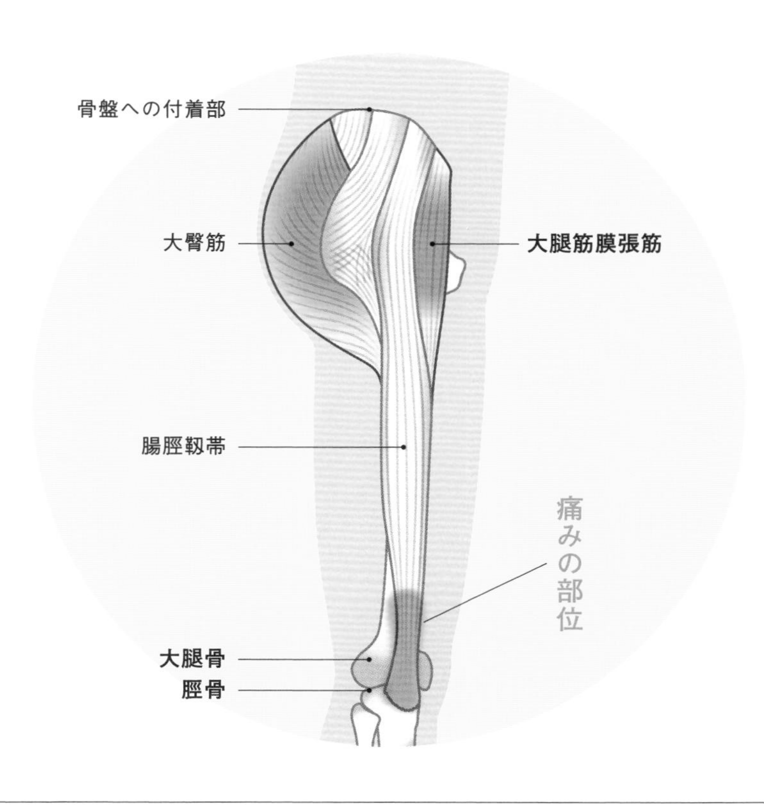

第6章
ケガの予防と心のケア

●鵞足炎（がそくえん）

膝の内側、膝蓋骨の内側に、はっきりとしない痛みや違和感があるのは、鵞足炎の初期症状。進行すると階段の上り下りや、普通に歩くときでさえ痛みが生じるようになります。患部の動きに合わせて痛みの箇所が変わるのも特徴です。

骨盤から伸びる半腱様筋、薄筋、縫工筋の３つの筋肉の腱は膝の内側で脛骨に付着しています。この付着部がガチョウ（鵞鳥）の足の形に似ていることから、鵞足と呼ばれています。膝の屈伸運動が繰り返されることによって、鵞足が脛骨と擦れて炎症が起こるのが鵞足炎です。

オーバーユースが最たる要因ですが、半腱様筋、薄筋、縫工筋の柔軟性不足は鵞足炎のリスクを高くします。

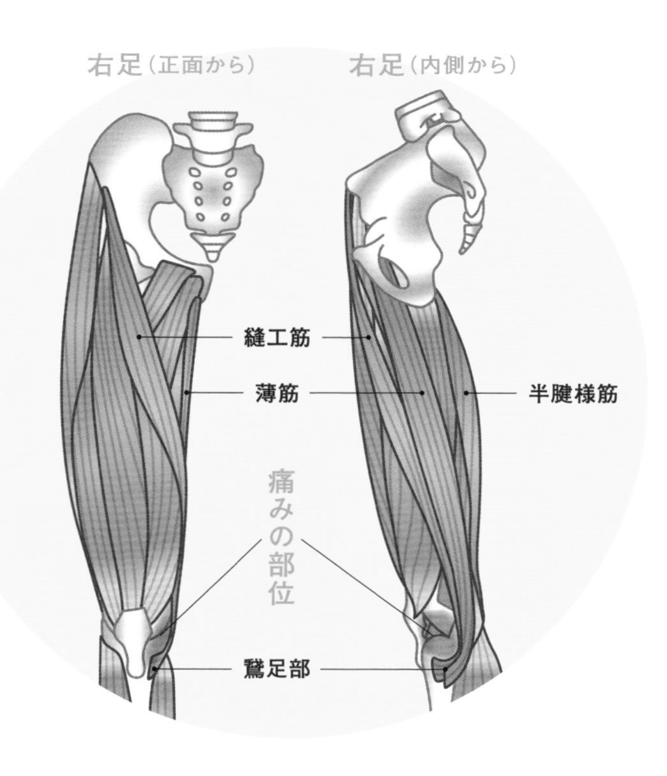

足底筋膜炎

朝起きて床に足をついた瞬間に足裏に痛みを感じた際、真っ先に疑われるのが足底筋膜炎です

人間の足は、前後方向と横方向にもアーチのある構造になっており、着地時の衝撃を緩衝しています。このアーチ構造を支えているのが、足底筋膜と呼ばれる膜状の腱組織で、踵から足指の付け根まで広がっています。

足底筋膜の張力によって、着地に備えたアーチがつくられるのですが、着地衝撃が繰り返されると、炎症を引き起こすことがあります。

足底筋膜が硬く突っ張った状態が続くと、踵骨との付着部に骨棘（骨のトゲ）ができることがあり、この棘がさらなる炎症の原因となる場合もあります。

足底筋、腓腹筋、ヒラメ筋のストレッチが予防に効果的です。

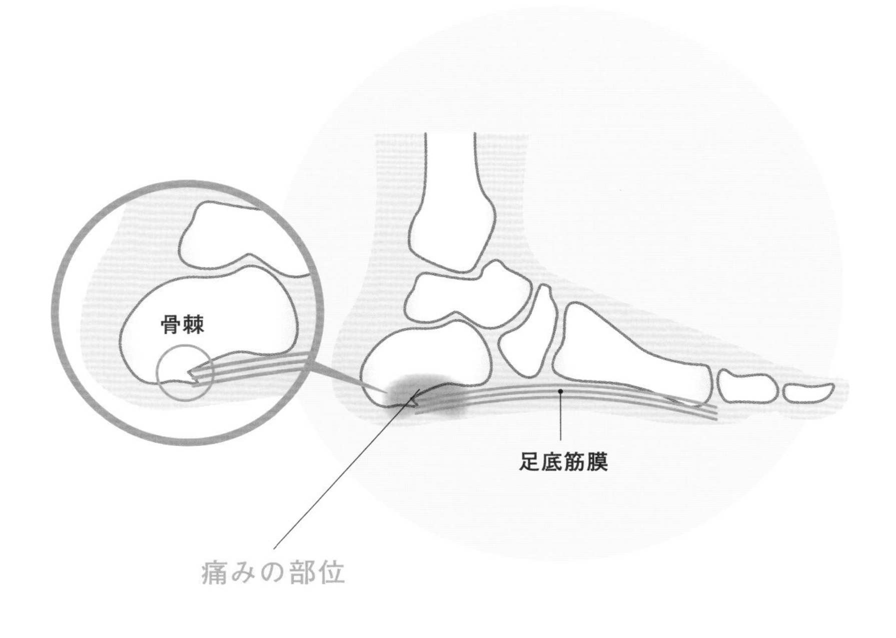

アキレス腱周囲炎、アキレス腱皮下滑液包炎

ランニング時や歩行時に踵に痛みが出た際に疑われるのが、アキレス腱周囲炎、アキレス腱皮下滑液包炎、踵骨後部滑液包炎、踵骨下滑液包炎です。

足首の後ろ、下腿三頭筋と踵をつないでいるのがアキレス腱。アキレス腱の周辺が痛み、全体が腫れている場合は、アキレス腱周囲炎が疑われます。

アキレス腱と踵骨の間には、クッションの役割をする滑液包があります。足首の曲げ伸ばしが頻繁に行われると、炎症が起こります。踵の後部が痛む場合は踵骨後部滑液包炎やアキレス腱皮下滑液包炎、足裏の踵よりが痛む場合は踵骨下滑液包炎の可能性が高いと考えられます。

これらはオーバーユースに加えて、腓腹筋やヒラメ筋、足底筋群の柔軟性不足が原因になります。

踵（かかと）の図

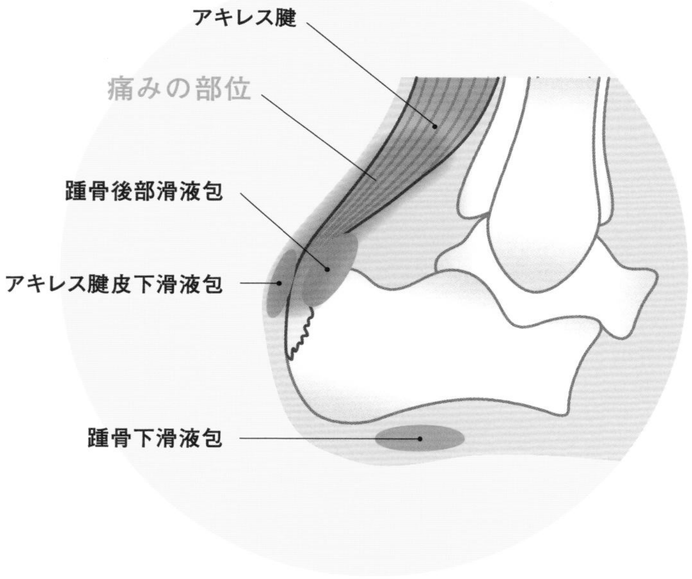

アキレス腱
痛みの部位
踵骨後部滑液包
アキレス腱皮下滑液包
踵骨下滑液包

シンスプリント

シンスプリントは脛に沿って鈍痛がする、脛の内側を押すと強い痛みが走るといった場合に疑われる障害で、繰り返しのランニングや過度のジャンプ動作が主な原因となります。

足首の屈伸運動をする際に使われる前脛骨筋と後脛骨筋は、脛骨の骨膜に付着しています。ランニングやジャンプ動作などで、前脛骨筋と後脛骨筋に過度な負荷がかかると、脛骨を覆う骨膜を引き剝がそうとする力が働き炎症が起こります。

オーバーユースに加え、足首の動きの硬さ、下腿三頭筋の柔軟性不足がシンスプリントの原因となります。

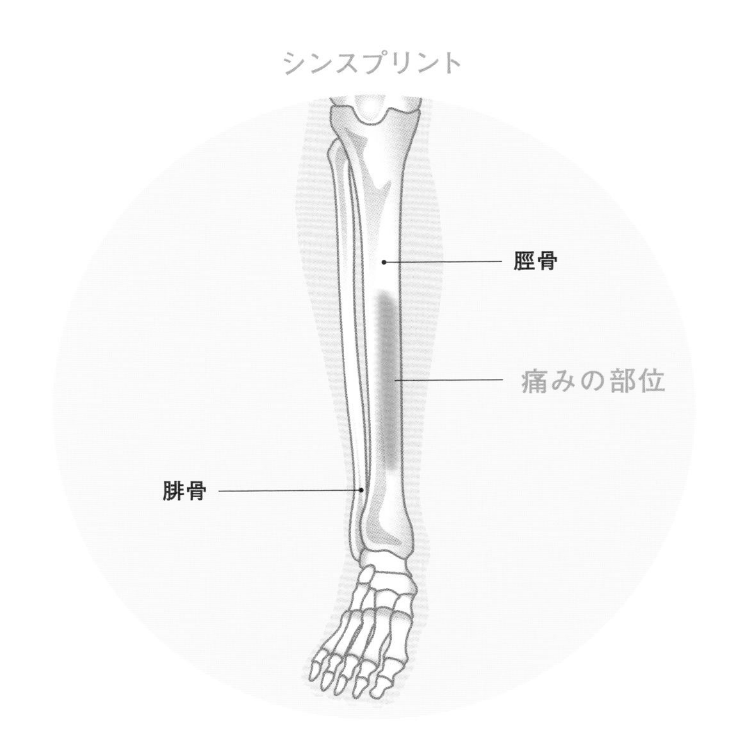

リカバリーのための入浴と交代浴

日々の運動によって生じた疲労の回復には、入浴が効果的です。各競技の日本代表アスリートも取り入れているリカバリー方法ですので、その仕組みや効果を理解して参考にしましょう。

浴槽に浸かることで疲労から回復

運動による体の疲労を十分に抜き、さらに質の良い睡眠をとるためには、浴槽に浸かることがとても重要です。アスリートの多くも毎日のように浴槽入浴をしていますし、海外遠征などでシャワーしかないホテルに宿泊すると「疲れが取れにくい」という声が聞かれるほど、その効果は大きいものです。

浴槽入浴には、シャワーだけでは得られにくい、温熱作用、静水圧作用、浮力作用という3つの効果があり、これらが疲労回復を促進します。

入浴で得られる3つの効果

❶ 温熱作用

温かいお湯に浸かることで得られる効果です。血管が拡張して、血流が促進されるため、細胞が求める酸素とエネルギーが体の隅々まで行き渡るようになり、老廃物の排出も促されます。筋温も上昇し、筋膜の抵抗性が下がるので、静的ストレッチをする際に、筋肉が伸ばしやすくもなります。

疲労回復のための浴槽入浴に適した水温は38～41℃ほど。体の深部まで温めるために、少し長めに浸かるのが理想です。38～41℃ほどの湯は、体への負担が少なく、心身をリラックスさせる副交感神経を優位にさせやすいという効果もあります。副交感神経が優位になると、より血管が開いて温熱作用がさらに高まりますし、入眠もスムーズになります。42℃以上の熱いお湯は刺激が強く、血管を縮める交感神経が優位になりやすいので注意しましょう。

さらに効果を高めるには、炭酸入浴剤を活用するという方法があります。炭酸浴には、皮膚の血管拡張を促す効果があるとされており、国内のトップアスリートたちが利用する「味の素ナショナルトレーニングセンター」には、炭酸泉浴槽が設置されています。また、2016年のリオデジャネイロオリンピックでは、日本代表選手が利用できるジャパンハウスと呼ばれる拠点で炭酸浴ができるようになっていました。

炭酸入浴剤を遠征に持参するアスリートは多くいますし、近年は炭酸泉が設置された民間の入浴施設があり、それらを活用する選手もいます。

❷ 静水圧作用

水圧によって得られる効果を指します。

水圧は1cm深くなるごとに100Paずつ大きくなります。浴槽入浴時も同様の体表面積分の水圧があり、体に大きな力が加わります。この水圧によって、体の比較的表面に近い位置を走っている静脈とリンパ管が圧迫され、老廃物を取り除いてくれる静脈血とリンパ液の循環が良くなります。

水深が深くなるほど水圧は大きくなります。結果、つま先からふくらはぎへと段階的に水圧が減圧されて、静脈血とリンパ液の心臓への還流がスムーズになるのです。

❸ 浮力作用

水中にある物体Aは、物体Aが押しのけた水の重さに等しい浮力を受ける、というアルキメデスの原理による作用です。

地上では重力があるため、重力に対抗して姿勢を保つ筋肉が常に働いています。下半身や背中などの抗重力筋と呼ばれる筋肉は、常時緊張を強いられているのですが、水中では浮力のおかげで重力による負担が減り、緊張がほぐれやすくなります。

リカバリー促進には交代浴が効果的

浴槽入浴をするだけでこれだけの効果が得られ、心身のリラックス、疲労回復が促進されます。

よりリカバリーを促したいというときには、単純に浴槽に浸かるだけの入浴方法よりも、交代浴が有効です。

交代浴とは、お湯と水風呂（アイスバス）に交互に入る入浴方法です。お湯に浸かって体を温めると血管は広がり、水風呂で冷やすと血管は縮みます。この血管の拡張と収縮を繰り返すことで、疲労物質を素早く除去することができ、疲労回復を促すのです。

アイスバスの温度と入浴時間のガイドライン

利用温度	入浴時間
18℃以上	30分以下
15～18℃	20～25分
12～15℃	15～20分
10～12℃	12～15分
7～10℃	8～10分
7℃未満	避ける

温水と冷水の入浴を交互に複数回繰り返す

青山学院大学 駅伝チームの寮には、お湯を溜めた浴槽と水を溜めた浴槽があり、選手たちは日々、交代浴でリカバリーをしています。

引用：THE ATHLETE'S GUIDE TO RECOVERY SAGE ROUNTREE 著　NAP Limited

全身を湯船（40～45℃）で温めたあと、下半身のみを水風呂（15～20℃）で15～30秒ほど冷やし、再度湯船に入って30～60秒温めるというのを5～10セット繰り返すのが、交代浴の一般的な方法です。

自宅で行う場合は、子ども用のプールを活用すると手軽です。バスルームの洗い場に子ども用プールを置いて水を張り、浴槽にお湯を張ると、円滑に交代浴が行えるでしょう。自宅での交代浴が難しい場合は、水風呂がある入浴施設を利用するという手段もあります。

水風呂による下肢の冷却にもリカバリー効果がある

また、水風呂（アイスバス）で下肢を冷却するだけでも、リカバリーを促す効果があります。アイスバスで下肢を冷却すると、血管が収縮して体液が皮膚から体幹のほうへと移動して、過度な炎症を抑制するアイシングのような効果が得られます。アイシング同様、20分以上行う必要はありません。

心疾患などがある場合は必ず医師に相談

血圧に何らかの異常がある場合、不整脈などの心疾患がある場合は、水風呂も交代浴も避ける必要があります。それ以外にも、何らかの持病がある子どもに対しては、水風呂や交代浴を実施する前に主治医に相談するよう指導してください。

トレーニングと栄養補給

スポーツによる疲労から体を回復させるために、疲労のメカニズムを理解しておくべきです。疲労を感じるときに体はどのような状態になっていて、どう対処するといいのかを学びましょう。

疲労の原因は体の糖質不足

強度の高いトレーニングや長時間におよぶ練習をすると、疲れて体が思うように動かなくなることがあります。「体が動かないのは乳酸が溜まっているから」という話を聞いたことがあるかもしれませんが、これは誤りです。

疲労困憊で体が動かなくなるのは、多くの場合、エネルギー源である糖が体内から失われてしまっているのが原因です。リカバリーのことを考慮しても、失われたものは速やかに補給する必要があります。練習のあとは、水分やナトリウムと合わせて、糖質を補給するべきなのです。

乳酸は疲労物質ではない

長らく乳酸＝疲労物質と考えられていたため、今でもそういった情報を見聞きする機会があるかもしれませんが、乳酸そのものは疲労物質ではありません。

筋肉を動かすためのエネルギーは、筋肉に蓄えられている糖の一種である筋グリコーゲン。筋グリコーゲンを分解してATP（アデノシン三リン酸）を生み出し、エネルギーとして利用するのですが、その分解の過程で乳酸も生まれます。そして、生まれた乳酸はエネルギー源として再利用されます。激しい運動をすると筋肉内に一時的に乳酸が蓄積するため、長く疲労物質だとされていましたが、現在はそうではないことが証明されています。

疲労を感じる仕組み

筋肉を動かすには筋グリコーゲンが不可欠で、強度の高い運動では糖が優先的にエネルギー源として使われます。体内の糖の量は一定に保たれるようになっており、糖をたくさん摂取したからといって、体の容量を超えて保存することはできません。たとえば、血液内の糖は1ℓあたり1g、筋肉と肝臓には糖（グリコーゲン）が500gほどあり、基本的にこれが保たれるようになっています。運動をして糖を消費したのであれば、補給しない限りはガス欠になってしまうということです。

運動直後に糖を補給する

体内に一定量を超えて保存しておくことができない糖ですが、実はトレーニング後の栄養補給の仕方によって、筋肉内のグリコーゲン量をある程度まで増やすことが可能です。

筋肉内のグリコーゲンを増やす手順ですが、まずは糖を消費する高強度のトレーニングを行います。そして、体内の糖が枯渇した状態になったトレーニング直後に、高糖質の食品（白米など）を摂取します。これを繰り返し行うと、限界はありますが、少しずつ筋肉内のグリコーゲン貯蔵量を増やすことができます。

高強度のトレーニング後、30分以内に糖質を摂取したほうが、2時間後に摂取するよりもグリコーゲン貯蔵レベルが高くなるという研究報告があるので、なるべく速やかに高糖質のものを摂取すると良いでしょう。おにぎりで十分ですし、エネルギー系のゼリー飲料を活用しても構いません。

リカバリーのためには運動後2時間以内に食事する

体のリカバリーのことを考慮するならば、練習後の2時間以内に食事をするのが理想的です。もちろん、食事は糖質だけに偏らないようにし、タンパク質、脂質、ビタミン、ミネラルをバランスよく摂取することが大切です。

栄養ドリンクやエナジードリンクを推奨しない理由

コンビニエンスストアやドラッグストアなどに行くと、疲労時の栄養補給、リカバリーを目的とした栄養ドリンクやエナジードリンクが数多く陳列されています。一般的に栄養ドリンクは医薬品・医薬部外品であるのに対して、エナジードリンクは清涼飲料水に分類されているという違いがあります。

栄養ドリンクは滋養強壮や栄養補給といった効果・効能の記載が可能で、成分の配合量についての表示義務がある一方で、エナジードリンクは有効成分や効果・効能の記載はできず、成分の配合量表示の義務はありません。

コンビニエンスストアや自動販売機でも売られていて、価格も手頃なため、栄養ドリンクやエナジードリンクを利用している中高生が増えているようですが、基本的には推奨しません。

なぜなら、栄養ドリンクには微量ながらアルコールが含まれていることが多く、エナジードリンクにはカフェインが大量に含まれていることがほとんどだからです。アルコールの高揚作用や、カフェインの覚醒作用によって、疲労を隠すマスキングのような効果があるのは確かですが、本質的に疲労が軽減しているわけではなく、摂取を続けると逆に疲労を蓄積する原因にもなります。

エナジードリンクについては海外で過剰摂取による死亡事故の例もあり、イギリスなどヨーロッパの一部の国では、アルコールやタバコと同じように年齢制限が設けられているところもあります。

栄養ドリンクやエナジードリンクなどに安易に頼らず、栄養バランスのとれた食事や睡眠、入浴やストレッチでリカバリーを図るよう指導するべきです。

07 リカバリーと睡眠

これまで疲労を回復させるための栄養補給について言及してきました。しかし、それ以上に疲労回復効果を望めるのが睡眠です。質の良い睡眠が、どのようにパフォーマンス向上につながるのか考えてみましょう。

睡眠による疲労回復とパフォーマンスの関係

部活動の練習による肉体の疲労にせよ、勉強による脳の疲労にせよ、疲労を取り除いてリカバリーするためにもっとも重要になるのが睡眠です。

練習やトレーニングをどれだけ頑張って体力・技術を高めても、疲労が抜けていなかったらパフォーマンスは低下してしまいます。たとえば、トレーニングの効果によって体力が10になったとしましょう。ですが、睡眠が足りていないために疲労が3溜まっていたとしたら、パフォーマンスは10マイナス3で7になります。仮に体力が8だったとしても、睡眠時間を十分に確保して疲労が完全に抜けて0になっていれば、パフォーマンスは8マイナス0で8となるのです。

運動の質を高めるためには質の良い睡眠が必要

アスリートはトレーニングや練習に1日の大半の時間を割いているというイメージをもっているかもしれませんが、実際は疲労回復のために睡眠をどれだけ長くとれるか、どうやってその質を高めるかも重視しています。高いパフォーマンスを発揮するためには、疲労を抜くことが非常に重要だということを、経験則として理解しているからです。

疲労が十分に抜けていれば、練習や試合で本来もっているパフォーマンスをしっかりと発揮することができますし、脳や体がフレッシュな状態でトレーニングに挑めば、トレーニングの質は高まり、より効果的なものとなります。

疲労蓄積のリスク

逆に疲労が溜まった状態では当然トレーニングの質は下がりますし、ケガのリスクも大きくなります。さらに、疲労の蓄積が続けばオーバートレーニング症候群の危険もあります。

08 必要な睡眠時間と睡眠のリズム

疲労回復には質の良い睡眠が必要ということを説明してきました。それでは質の良い睡眠を可能にするには、どうすべきでしょうか。睡眠のメカニズムについて理解を深め、しっかりと疲労を回復できるように生活の改善を検討してみましょう。

疲労回復に必要な睡眠時間には個人差がある

睡眠時間については、さまざまな研究報告が発表されていますが、どれも決定的といえるものではなく、個人差によるところが大きいというのが現時点での正しい認識でしょう。

一般的に、1日に必要な睡眠時間は7～8時間とされていますが、6時間で大丈夫という人もいれば、9時間は寝ないと疲れが取れないという人もいます。自分にとってどの程度の睡眠時間が必要なのかを見つけ出し、それを確保するようにするのが正しいアプローチの1つでしょう。

現代の中学生は十分な睡眠時間を確保できていない

朝すっきりと起きられて、授業中に強い眠気に襲われず、部活動の練習がしっかりと行えているのならば、睡眠時間と質に問題はないと考えられます。

始業の時間は決められているため、ほとんどの生徒は起床時間が定まっているかと思いますが、就寝時間はまちまちといった場合が多いと考えられます。部活動を終えて帰宅し、食事や入浴をし、学校の宿題をこなす。場合によって塾に通っていたり、別の習い事をしていたりする生徒もいるでしょう。

息抜きにゲームをして、漫画や動画を楽しんで、友人とSNSのやり取りをすれば、あっという間に時間が経ち、疲労回復に必要な睡眠時間が十分に確保できていないということが想定されます。

概日リズムを刻む体内時計

人間の体のリズムは、1日24時間で自転している地球の周期とおおよそ一致しています。地球の自転による明暗の切り替えに応じたもので、体温変化やホルモン分泌などの体の基本的な機能が約24時間のリズムを示すことがわかっています。このリズムは概日リズム（サーカディアンリズム）と呼ばれています。

概日リズムを刻んでいるのは、体内時計といわれるもので、人間を含む哺乳類の体内時計は脳の視床下部にあることがわかっています。

眠くなるメカニズム

朝目覚めて日の光を浴びると、網膜から入った光の刺激により体内時計がリセットされます。実は、真っ暗な環境下では体内時計の1日は24時間よりも10分程度長いのですが、目から光が入るとそれが合図となり、24時間周期にリセットされるという仕組みになっているのです。

体内時計がリセットされてから14～16時間ほど経過すると、脳内でメラトニンというホルモンが増加します。メラトニンの元になっているのは、朝になると脳内でつくられるセロトニンという神経伝達物質です。セロトニンには、覚醒をキープし、やる気を引き出す働きがあり、日中の活発な活動をサポートしています。

そのセロトニンからつくられるメラトニンには、眠りに適した体内環境を整える作用があります。メラトニンの分泌が高まると、血圧や心拍数が落ち着いて、深部体温が下がり、体はスリープモードへと入っていきます。

このように、朝起きたときに、日の光を浴びて体内時計をリセットすれば、夜になると自然と眠気を催します。そのリズムを妨げず、眠くなったら布団の中に入れるように、ある程度、就寝時刻を決め、それに向かって宿題などを済ませるようにスケジューリングするのが疲労回復にとってはベストでしょう。

体の成長にも睡眠は欠かせない

睡眠は疲労回復の役割があるだけでなく、体を大きくするためにも必要不可欠なものです。そのために、成長期を迎える中学生年代にとってはとくに重要になります。睡眠と成長の関係性を理解して、成長を妨げないようにしましょう。

睡眠時に多量の成長ホルモンが分泌

成長段階にある子どもにとって睡眠は、リカバリーだけでなく体の成長のためにも不可欠なものです。

損傷した組織の修復や疲労回復を助けてくれる成長ホルモンは、文字どおり子どもの成長にも関係しており、筋肉や骨を大きくする働きがあります。そして、成長ホルモンの分泌も体内時計によってコントロールされています。分泌が高まるのは、寝入ってから1時間ほどで訪れる深い眠り（ノンレム）のタイミングで、日中の数倍の成長ホルモンが一気に分泌されます。

睡眠リズムの乱れにより成長ホルモンの分泌が減少

眠りのリズムが乱れて就寝時間が普段よりもずれると、入眠後の成長ホルモンが減少することがわかっています。1日に分泌される成長ホルモンの分泌量も少なくなるため、体の成長にとっても疲労回復にとっても、マイナスです。練習があるなしにかかわらず起床就寝の時間を毎日合わせることが大切です。

成長ホルモンの分泌パターン

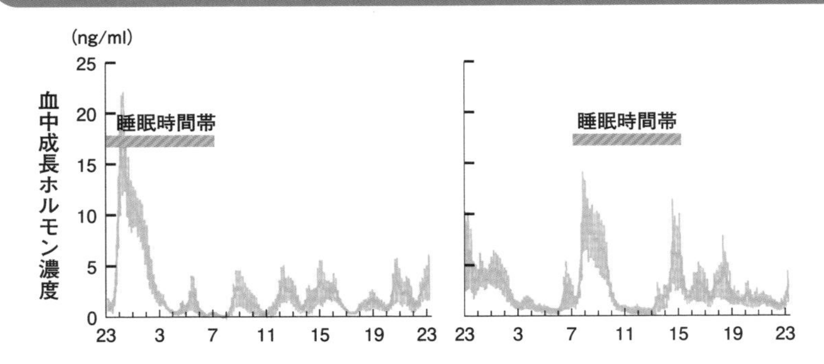

『疲労と身体運動 スポーツでの勝利も健康の改善も疲労を乗り越えて得られる』宮下充正著（杏林書院）を基に作図

睡眠時間に行う記憶整理は勉学にも影響する

睡眠は、習得した運動動作や技術、勉強した内容を記憶させるためにも大切な役割を果たしているといわれています。部活動や勉強をいくら頑張っても、睡眠が不足していると十分に身につかない可能性があるということです。

10 子どもの心理を考慮した指導の重要性

中学生であっても日々の生活でストレスを感じています。そういった子どもたちを指導する部活動の指導者には、子どもたちの心のケアもできるようにならなければなりません。まずは、ストレスについての理解を深めましょう。

ストレスに有効な心理療法

中学生の時期は、体とともに心（＝メンタル）も大きく変化、成長を遂げます。それに伴いストレスも感じるようになります。そこで有効なのが、交流分析という心理療法で用いられる「OK 牧場」という物事に対するマッピングツールです。

OK 牧場

「交流分析」という心理療法で使われる人生態度のマッピングツール

理想的なゾーンに留まる時間を増やす

このなかで、ストレスを感じにくい理想的な態度は、自己肯定・他者肯定で「私もあなたもOK」というゾーンになります。

自己否定・他者肯定で、「私はOKじゃない。あなたはOK」という態度だと、自己否定的な考えに陥る傾向が強く、「どうせ私はダメだ」と落ち込み、ストレスを抱え込みやすくなります。

自己肯定・他者否定で、「私はOK。あなたはOKじゃない」という態度だと、自分本位で他者を顧みなくなるので、周囲と衝突が生じやすくなり、ストレスが増えがちです。

そして、自己否定・他者否定で、「私もあなたもOKじゃない」という態度だと、ストレスに負けて何事もやる気が起こらないうつ状態となる危険性が高くなります。

放牧された牛があちこち歩き回るように、私たちはOK牧場の4つのゾーンをぐるぐると彷徨(さまよ)っています。ストレスを溜めないポイントは、「私もあなたもOK」という理想的なゾーンに留まる時間を増やすことにあります。

長く理想的なゾーンに留まるための第一歩は「私はOKだ」と自己肯定をすること。自分にダメ出しをせずに、「私は私でいい」と全力で自己肯定をする必要があります。

自己肯定感が高まったうえで、他者を肯定していけば、理想的なゾーンに留まることができます。

自己肯定と他者肯定をすることが、自身のストレスを減らしてくれることを、子どもたちに伝えてください。

部活動の継続は自己効力感を高める

部活動の継続を通じて「私もやればできる」という自己効力感が高まっていると、自己肯定をしやすくなります。そのポイントは4つあります。

自己効力感を高めるための４つのポイント

❶成功体験を重ねる

能力に応じた目標を設定し、クリアすることで成功体験を何度も体験させると自己効力感が高まります。ただ、絶対にクリアできる目標では、自己効力感の向上は期待できません。できるかできないか五分五分の目標にトライし、クリアする必要があります。

五分五分がどのレベルなのかを決めるのは本人で、指導者ではありません。

❷自分に近い人の成功を見る（代理経験）

トップアスリートの活躍を見ても、「自分には無理」だと思うかもしれませんが、チームメイトや同級生など身近な人間の成功を見ると、「自分にもできる」と思えます。

❸言語的説得

親や教師、部活動の指導者、それからチームメイトなど部活動に励む生徒が信頼を置いている相手からの励ましや評価によって自己効力感は高まります。

❹成長や改善の気づき

部活動に取り組むなかで、自身の成長や改善を感じると自己効力感は高まります。自身で気がつきにくい点を指摘してあげるのも指導者の役割といえます。

11 部活動指導者の子どもに対する声かけ

部活動に励む子どもにとって、指導者が投げかける言葉は重要です。ときに、成長のきっかけになることもあれば、やめるきっかけになることもあります。指導者は、誰にどのような言葉をかけるかを常に考えるようにしましょう。

指導者の言葉で子どもの心は揺れ動く

部活動の指導者が、いつ、どのような言葉をかけるのかは非常に重要で、生徒たちのモチベーションに影響を与えます。声かけ1つで安心感や自信を与えることが可能ですし、逆に、萎縮させてしまう可能性があることを理解しなければなりません。

言葉の受け取り方には個人差がある

褒め言葉（交流分析ではプラスのストロークと呼びます）は、相手の心にポジティブな刺激を与えます。一方、叱ったり、けなしたりすれば（マイナスのストローク）、ネガティブな刺激を与えることになります。

また、投げかけた言葉をどう受け取るかは、相手次第であり、叱ったことで「よし、やってやろう！」という気分になる子どももいれば、落ち込んでやる気を失う子どももいるでしょう。

指導者は自分の言葉が子どもに影響を与えること、受け取り方には個人差があることを自覚しなければなりません。

無条件のプラスのストロークを投げかける

子どもをやる気にさせ、前向きに部活動に取り組むようにさせるには、プラスのストロークがとても重要ですが、褒めれば褒めるほど良いわけではなく、適切な褒め方があることを知っておきましょう。

問題になるのは「条件付きのプラスのストローク」です。たとえば、「今日はゴールをしたからすごい」「ホームランを打ったから素晴らしい」「優勝したからえらい」といった具合に褒めることです。

もちろん、1つの目標としてクリアしたときには、そのように褒めることも大切です。しかし、常に「○○できたからすごい」という褒め言葉ばかりを使っていると、子どもたちは次第に「ゴールをできなかったらどうしよう」「ホームランを打てなかったらどうしよう」「試合に勝てなかったらどうしよう」と考えるようになります。そうすると、それが重荷になり、やがて部活動をやめる、サボるといった逃避をしてしまいます。

ですから、適度に無条件のプラスのストロークを投げかける必要があります。仮に目標や条件を達成できなかったとしても「挑戦した姿勢が素晴らしい」「懸命にプレーした君たちを誇りに思う」といったプラスのストロークを使うと、生徒たちに安心感を与えることができるのです。

2種類のプラスのストロークとその作用

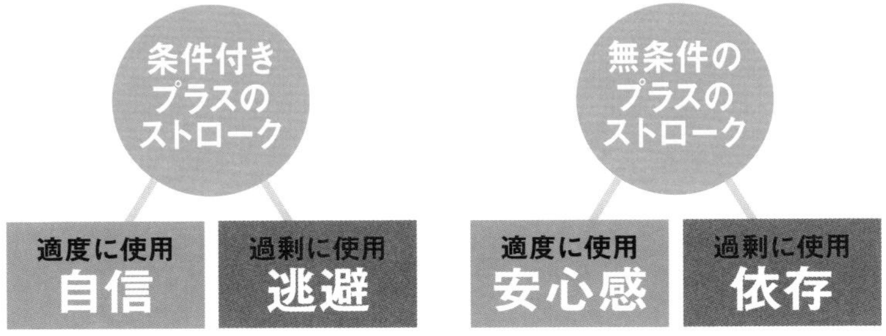

	条件付きプラスのストローク		無条件のプラスのストローク	
	適度に使用	過剰に使用	適度に使用	過剰に使用
	自信	逃避	安心感	依存

第7章

安全対策の基礎

トラブルの対応方法

心身を整える呼吸方法

医師・医学博士
ハーバード大学医学部客員教授
ソルボンヌ大学医学部客員教授

Negoro Hideyuki
根来秀行

熱中症のメカニズムと対策

夏場の部活動では、熱中症への対策が求められます。その熱中症を正しく理解し、子どもたちを熱中症から防ぐためにどうすべきかを学びましょう。

高体温になり体に支障をきたす熱中症

熱中症とは、高温・多湿の環境に対して、体が適応できずに高体温となり、さまざまな臓器にトラブルが起こって発症する疾患の総称です。

熱中症を予防するには、体内で発生した過剰な熱を速やかに体外へと逃す体温調節機能を正常に保つことがカギとなります。

体温を下げるメカニズム

体温調整のために重要な役割を果たしているのが、汗と血液です。

体温が上昇して汗をかくと、体は体内の熱を利用して気化熱を発生させ、汗を蒸発させます。汗の蒸発とともに、上昇した体温が下がります。

また、全身を流れる血液は、内臓などで発生した熱を拾い、熱くなった血液は体表の毛細血管へと流れ、体外へと熱を放出します。熱を逃して冷えた血液が再び体の奥に戻ると、体の内部の体温が下がることになります。

熱中症は温度だけでなく湿度も関係

体内の水分が不足して十分な汗がかけなくなったり、血液の粘度が高まることで血のめぐりが悪くなったり、自律神経のバランスが崩れたりすることで、毛細血管への血流が悪化すると、体温調節機能が働かなくなります。そして、体内で発生した熱は体外に放出されずに、異常な高体温状態を引き起こしてしまう可能性があります。

熱中症を引き起こす条件は、環境、体、行動によるものが考えられます。熱中症を引き起こす最大の環境要因は、温度と湿度です。

温度が体温の上昇に直結するのは想像しやすいかと思います。一方、湿度が高い環境下では汗が蒸発しにくくなり、熱を体外に放出するための気化熱が発生しにくくなるのです。

高温多湿な日本の夏は、熱中症を引き起こしやすい環境だといえます。

熱中症のリスクを高める環境

熱中症対策としては高温多湿の環境に身を置かないことが必須ですが、逆に、日差しや照り返しの強い場所、風がない場所は熱中症のリスクを高める環境といえます。

部活動で熱中症のリスクがあるのは、日差しのある屋外スポーツだけというわけではありません。エアコンが設置されているなら別ですが、真夏の体育館は十分に注意しておかなければ、過度な高温で危険な状態となりえます。とくに、空調や風が競技に影響するバドミントンや卓球は閉め切った環境で練習することがあり、剣道や柔道などの防具や道着を着るスポーツも熱を逃しにくいので要注意です。

熱中症になるか否かには、体のコンディションも大きく関係します。社会的時差ボケ、寝不足、栄養不足による体調不良、脱水状態、肥満などは熱中症のリスクを高くします。

暑さに体を慣れさせる暑熱順化

体が暑さに慣れていないことも熱中症の原因になります。

暑さに体が慣れることを「暑熱順化」といいますが、実際に気温が上がり、熱中症の危険が高まる前に、運動などで汗をかくことが大切です。

運動部に所属し、定期的に運動をしていれば、暑熱順化のための運動というのは必要ありませんが、運動習慣が不定期の場合、体が暑さに慣れていない、5月の暑い日、梅雨の晴れ間、梅雨明けといったタイミングは、とくに気をつける必要があるでしょう。

02 熱中症の分類と症状

熱中症になると、どのような症状が見られるのでしょうか。もしものときに備えて熱中症の症状を理解し、どう対処すべきなのかを学びましょう。

熱中症は症状で分類される

熱中症の症状は、症状の軽いものから、①熱失神、②熱痙攣（けいれん）、③熱疲労、④熱射病の４つに分類されています。

4つに分類される熱中症

① 熱失神

人間の体は、体温が上昇すると放熱のために皮膚の毛細血管を拡張させます。一方で、末梢の血管が拡張すると血圧が低下します。急激な血圧低下によって、脳への血流が低下して発生するのが熱失神です。熱失神の症状には、めまいや立ちくらみ、顔の異常なほてり、顔面蒼白(そうはく)などがあり、場合によっては気を失うこともあります。

熱失神が疑われる場合は、速やかに涼しい場所に移動し、衣類を緩め、十分に水分を補給する必要があります。足を高くして仰向けにするのが基本ですが、吐き気のある場合は横向きにしてください。

② 熱痙攣

大量に発汗すると体熱は放出できますが、同時に体内の水分と電解質も一気に失うことになります。このときに水分のみを補給していると、血液中のナトリウム濃度が低下し、筋肉の痙攣、手足の痺(しび)れなどを引き起こします。

熱痙攣が疑われる場合は、まず涼しい場所に移動し、衣類を緩めます。水分と電解質を同時に補給することが必要なので、経口補水液やスポーツドリンクを活用しましょう。

痙攣を起こしている部位については、ゆっくりとストレッチを行います。

③ 熱疲労

大量の発汗により水分や電解質を失うと、血液は凝縮します。簡単にいうと、血液がドロドロな状態です。この状態が悪化すると循環不全を引き起こすことになり、脱力感、倦怠感、めまい、頭痛、吐き気などの症状を認めるようになります。

熱疲労が疑われる場合も、まずは速やかに涼しい場所に移動し、衣類を緩め、水分と電解質を補給します。

④熱射病

熱疲労の状態が進行して過度に体温が上昇し、中枢機能に異常をきたした状態が熱射病です。呼びかけや刺激への反応が鈍い、言葉が不明瞭、ふらつなどの症状が表れ、さらに進行すると昏睡状態に陥ることがあり、致命的にもなりえる緊急事態といえます。

熱射病が疑われる場合は、一刻も早く救急車を呼ぶ必要があります。救急車を待つ間は、救急隊員の指示に従いながら、氷水に全身を入れたり、冷水水浴法をしたりして体を冷却してください。

熱中症の対処方法

少しでも熱中症の症状が出たときは、速やかに涼しい場所に移動し、衣類を緩め、十分な水分と電解質を補給します。また、氷や冷水を使って体を冷やすようにしてください。

症状がおさまったとしてもすぐに練習に復帰させるのは避け、しばらく安静にしておくことが大切です。熱中症のリスクが高くなるシーズンの部活動の際には、水分と電解質、氷を十分に用意しておくと安心です。

熱中症対策としてするべきこと

熱中症になったときの対処法は前述したとおりですが、そもそも熱中症にならないようにすることが大前提です。そのためにできる対策について考えていきましょう。

熱中症リスクを軽減する

熱中症を引き起こす要因となる環境、体のコンディション、行動に気をつければ、リスクを小さくすることが可能です。

まずは、そもそも部活動を行うその日が、熱中症のリスクが高いのかどうかを知ることが大切です。

環境省の「熱中症予防情報サイト」には、熱中症予防対策が掲載されています。そこには、運動に関する対策も示されているので参考にしてください。

環境省による熱中症予防対策

・暑さ指数（WBGT）31 以上／気温 35℃以上（参考）

運動は原則中止。特別な場合以外は運動を中止する。とくに子どもの場合には中止すべき。

・暑さ指数 28 ～ 31 ／気温 31 ～ 35℃（参考）

厳重警戒（激しい運動は中止）。熱中症の危険性が高いので、激しい運動や持久走など体温が上昇しやすい運動は避ける。10 ～ 20 分おきに休憩をとり水分・塩分の補給を行う。暑さに弱い人（体力の低い人、肥満の人や暑さに慣れていない人など）は運動を軽減、または中止。

・暑さ指数（WBGT）25～28／気温28～31℃（参考）
警戒（積極的に休憩）。熱中症の危険が増すので、積極的に休憩をとり適宜、水分・塩分を補給する。激しい運動では、30分おきくらいに休憩をとる。
・暑さ指数（WBGT）21～25／気温24～28℃（参考）
注意（積極的に水分補給）。熱中症による死亡事故が発生する可能性がある。熱中症の兆候に注意するとともに、運動の合間に積極的に水分・塩分を補給する。

暑さ指数とは

暑さ指数（WBGT／Wet Bulb Globe Temperature）とは、熱中症を予防することを目的として、1954年にアメリカで提案された指標です。人体と外気との熱のやりとり（熱収支）に着目したもので、湿度、日射・輻射（ふくしゃ）などの周辺の熱環境、温度の３つを取り入れています。
「熱中症予防情報サイト」には、11地点の実測値と829地点の実況推定値が掲載されており、熱中症の危険性が極めて高くなると予測された際には、「熱中症警戒アラート」が発信されるようにもなっています。参考にするといいでしょう。

ウェア選びも熱中症になる

こまめな水分・電解質の摂取、適度な休憩に加えて、部活動中のウェア選びも熱中症対策として有効です。
通気性に優れていて熱がこもりにくいウェアを選ぶ、帽子を被るといったことをするだけでも熱中症のリスクを小さくすることができるでしょう。
そして大前提として無理をしないことが大切です。寝不足や病み上がりで少しでも体調に不安があるときに、部員たちが無理せずに練習を休める環境をつくるのも指導者の役割だといえます。

（公財）日本スポーツ協会「スポーツ活動中の熱中症予防ガイドブック」（２０１９）

脱水症と水分補給

運動時には発汗はつきものです。つまり、大量に汗をかく運動時には、脱水症の危険が伴います。脱水症とはどのようなものかを理解し、その対策方法をしっかりと身につけておきましょう。

脱水症とは

体に含まれる水は体液と呼ばれます。血液、リンパ液、消化液などから成る体液は、水分と電解質、タンパク質などで構成され、生命維持に関わるさまざまな役割を果たしています。

脱水症とは、大量の発汗、発熱や下痢などによって体液が失われ、体内に必要な量の水分と電解質がない状態のことを指します。そして、脱水症には高張性脱水、等張性脱水、低張性脱水の３種類があります。

脱水症の種類

高張性脱水

電解質（主にナトリウム）よりも水分が多く失われ、体液の濃度が濃くなっているのが、高張性脱水です。大量の発汗、水分補給の不足などによって起こるもので、運動中に喉の渇きを感じた場合、大抵、高張性脱水を起こしています。

等張性脱水

下痢や嘔吐、出血などにより、一気に体液を失った際に起こります。

低張性脱水

水分よりも電解質が多く失われ、体液の濃度が薄くなるのが低張性脱水です。運動中に水分だけを補給し続けると低張性脱水を起こしやすくなります。

脱水症の症状と対処方法

脱水症の症状は体液がどれだけ失われたかによって異なりますが、めまいや吐き気、全身の脱力感、頭痛などを感じたら危険な状態です。速やかに運動を中止して、水分と電解質を補給して、休息する必要があります。

大量に発汗した際、喉に渇きを感じたときには、すでに脱水状態にある可能性が高いので、部活動中は水分と電解質のこまめな摂取が必要です。水だけを摂取していると、低張性脱水を引き起こしやすくなります。スポーツドリンクや経口補水液のようなバランスのとれた電解質が入った水分を補給する、塩飴(しおあめ)をなめるといった工夫を心がけてください。

部活動中の水分補給

脱水症を防ぐためには、水分補給が重要になることは前述で理解を深められたと思います。それでは実際にどのように水分補給をすべきかを学び、脱水症の対策を考えていきましょう。

こまめに水分補給をする

部活動前の水分補給の目安ですが、まず運動を始める30分前にコップ1～2杯分（150～300㎖）程度は補給しておきましょう。

必要量は、気温や湿度、運動量、発汗量によっても異なり、個人差があるものなので一概にはいえませんが、運動中は15分に一度程度は、水分補給をするタイミングを設け、こまめな補給を心がけてください。

また、いくら水分補給をしても、体が吸収できなければ意味がありません。一度に大量に摂取するのではなく、少量をこまめに補給することが大切です。

水分補給を義務づける競技も

近年は、プロのサッカーの試合でもハーフタイムとは別に、飲水タイム（ピッチの中での飲水）が設けられることがあります。サッカーの小学生年代の試合では、WBGTが25℃以上の場合は飲水タイムまたはクーリングブレイク（テント内など涼しい場所での休憩）を28℃以上ではクーリングブレイクを行うことが義務づけられています。

それだけ運動中の水分補給が体を守るために重要だということです。

冬でも起こる脱水症は通年で警戒

脱水症が起こるのは夏だけではありません。冬でも起こりえます。冬は、外気はもちろん、暖房器具の使用などにより屋内も乾燥しがちです。その乾燥によって水分が失われがちなことに加え、夏と比べて発汗を意識しないため水分を失っている自覚が少なく、警戒心も下がります。さらに、夏と比較すると喉の渇きを感じにくく、気温が低く体を冷やしたくないために水分摂取量も少なくなりがちです。

その状態で運動をして発汗すれば、脱水症が起こることは想像しやすいでしょう。「脱水症は暑いときに起こるもの」という先入観は捨て、いつでも起こりうるものと肝に銘じておきましょう。

尿の色や体重の変化が目安

運動後30分以内に尿が出ない、尿の量が少ない、尿の色が濃い（黄色～茶色）といった場合、運動前・運動中の水分補給が足りないといえます。また、運動前後の体重差が3%以上ある場合も水分補給が不足しているといわれます。

尿の色や体重の変化を水分補給量の目安とするといいでしょう。

06 低体温症のメカニズム

体温が低下し致命的にもなりえる低体温症は、冬場に部活動をする子どもたちも陥る可能性が十分にあります。症状などの理解を深め、対策の準備を整えましょう。

深部体温 35℃以下で低体温症

低体温症とは深部体温が35℃以下に低下した状態を指し、32 ～ 35℃が軽症、28 ～ 32℃が中等症、20 ～ 28℃が重症と分類されています。

深部体温とは脳や内臓など体の内側の温度のことで、脇など体の表面から測定する体温は皮膚体温と呼ばれます。

正常時の深部体温はもっとも温度が高いとされる肝臓で38.5℃前後、直腸で38℃前後となります。直腸用の体温計を用いて深部体温を測定し、35℃以下だった場合に、低体温症と診断されます。

低体温症の症状とは……

深部体温が低下すると、初期症状として、寒気やシバリング（体温を保つために筋肉を動かすことで熱を発生させる生理現象。震え）が生じます。皮膚の感覚が麻痺（まひ）する、手足の指の動きが鈍くなるといったことも起こります。

さらに体温が低下するとシバリングが減り、動作が遅くてぎこちない、反応に時間がかかる、判断力や思考力の低下といった症状が表れます。それ以上に体温が下がるとやがて昏睡状態に陥り、心拍や呼吸が遅く弱くなり、最終的には死の危険もあるのが低体温症です。

冬場の部活動中も低体温症の恐れあり

低体温症は、体から失われる熱が、体が生み出す熱を上回ることで起こります。体から熱が奪われるのは外的な要因が多く、季節でいえば冬、状況としては登山や水難などで起こりやすいものですが、冬場の運動部活中にも低体温症が引き起こされる可能性は十分にあります。

たとえば、気温が低いことに加えて、雨や雪が降っていたり、風が強いなかで屋外で活動していたり、試合の際に薄着になる必要があり、待機時間が長かったりする場合などに、低体温症になる可能性が高まります。

筋肉が熱産生の大半を負う

人間の体は自律神経の働きによって、常に体温が一定に保たれています。気温が氷点下になるような環境で体温を保つことができるのは、自分自身で熱を生み出し、体温が一定になるようにコントロールしているからです。

この熱を生み出す作業にもっとも貢献しているのが筋肉で、体内の熱産生の６割を筋肉が担っているといわれています。

筋肉量が少ない子どもは低体温症になりやすい

筋肉量が多い人は熱を生み出す力が高いといえるのですが、体が成長段階にあり、筋肉量がまだ少ない中学生年代は、大人よりも低体温症になりやすいと考えられるので、十分な注意が必要でしょう。

低体温症の予防と応急処置

低体温症にならないためには、どのようにすべきでしょうか。また、低体温症になってしまったら、どう対処すべきでしょうか。もしもに備えて、それらについて具体的に解説します。

低体温症にならないための予防対策

低体温症を予防するためには、体温が下がる状況をなるべくつくらないことが大切です。

雨などでウェアが濡れたら、そのままにせずに着替えること、ネックウォーマーや手袋、ニット帽などを活用して体が冷えないようにすることでも、低体温症のリスクを小さくすることができます。

気温が低い日は、いつも以上に入念にウォーミングアップをしましょう。また、適切な腹式呼吸法を行うことなどで自律神経を整えることも大切です。ウォーミングアップや呼吸法は雨や風が避けられる場所で行うといったことも有効です。

低体温症までいかなくても、体が冷えすぎると、パフォーマンスが下がりトレーニングの質も低下しますし、ケガのリスクが高くなるので、しっかりと対策をする必要があります。

低体温症になったときの対処方法

シバリングが見られたら、まず暖かい場所に移動し、ウェアが濡れている場合は乾いたものに着替え、毛布やブランケットなどで体を覆ってください。頭や首からも熱が多く放出されるので、帽子やマフラーも活用しましょう。そのうえで、温かい飲み物や食べ物を摂取させて、体を温めてください。

呼びかけへの反応が悪い、呼吸や脈が弱いといった症状が見られた場合は、救急車を呼ぶことも検討してください。

熱中症や脱水症の対策にも共通することですが、それらが起こるリスクを小さくすることと同時に、起こったときに速やかに対処ができるように準備を整えておくことが大切です。

どれだけ対策をしても、起こるリスクをゼロにすることはできません。これだけ対策していれば大丈夫だろうと考えるのではなく、安全対策をどれだけしても起こるかもしれないと考えてください。

AEDの基本

近年、さまざまな場所に設置・導入されているAEDですが、どのような状況で、どうやって使用するか知っていますか。あらためて正しい知識を身につけて、命を救える可能性を高めましょう。

心臓が痙攣したときにはAED

AEDは「Automated External Defibrillator」の略で、日本語では「自動対外式除細動器」と呼ばれています。心臓が痙攣（心室細動）した状態を取り除くことを除細動というのですが、AEDは電気ショックによって除細動を行います。

以前は医師などの限られた人しか使用できませんでしたが、2004年7月から医療従事者ではない一般の人も使えるように規制が緩和されました。それに伴い、AEDは操作方法を音声や光でガイドしてくれるようになり、操作は難しくなくなりました。

心臓が痙攣する心室細動とは

心室細動とは不整脈の一種で、1分間に300回以上、不規則に心室がブルブルと痙攣している状態を指します。こうなると心室が正常に機能しなくなり、全身に血液を送ることができず、心停止と呼ばれる状態に陥ります。心停止に陥ると数分で呼吸は止まり、血流がなくなるため脳や肝臓、腎臓などの重要な臓器に障害をきたします。何もしなければ、時間経過とともに生存率はどんどん下がります。

そうなる前に痙攣した心臓を正常な状態に戻す必要があるのですが、その役割を果たすのがAEDなのです。

現場での救命活動が重要になる理由

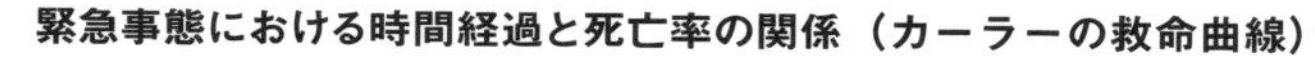

総務省消防庁「令和３年版 消防白書」によれば、通報してから救急車が到着するまでの平均は8.9分。５分以上10分未満が61.3%、10分以上20分未満が31.7%となっています。

しかし、一般的に心停止から３分経過すると死亡率は50%に達し、10分程度でほぼ100%となります。さらに、脳機能の損失は心停止後３～５分といわれているため、救急車を待っているだけではなく、現場での救命活動が重要になるのです。

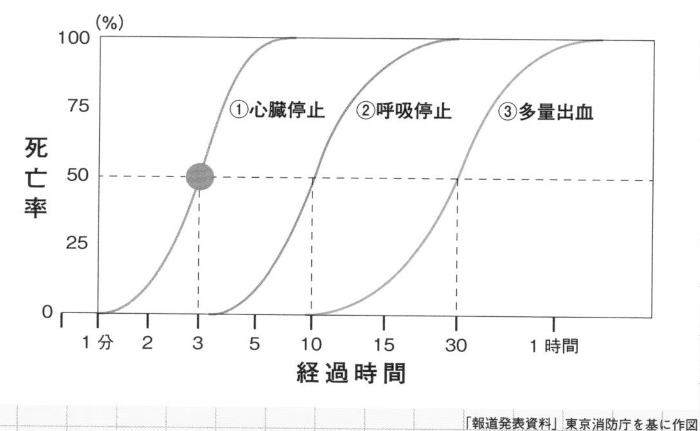

「報道発表資料」東京消防庁を基に作図

AEDの使用が生存率を上げる

総務省消防庁「令和3年版 消防白書」によると、2020年の救急搬送のうち、心肺機能停止傷病者は12万5928人で、うち心原性（心臓に原因があるもの）は、7万9376人。そのなかで一般市民による応急手当てが行われた傷病者は1万4974人であり、1カ月後生存率は15.2%となっています。応急手当てが行われなかった場合（8.2%）と比べると約1.9倍高い数字になっています。

さらに、応急手当てが行われた傷病者は1万4974人のうち、AEDを使用された傷病者は1092人で、1カ月後生存率は53.2%というデータが公開されています。

AEDを含む応急手当てをした際の1カ月後生存率は53.2%、応急手当てをしなかった場合の1カ月後生存率は8.2%ということですから、緊急時にAEDを使用することが命を救うために、いかに重要かがわかるでしょう。

速やかに躊躇なく使えるように準備する

AEDの役割は前述のとおりであり、その重要性を理解してもらえたと思います。続いて、実際に使用することになったときを想定した事前準備の大切さについて解説します。

AEDの適切な設置場所

心室細動は部活動中にも当然起こりうるものです。もしもそうなった際には、AEDの使用、胸骨圧迫（心臓マッサージ）、人工呼吸といった応急処置が必要になりますが、一刻を争う事態ですから、もたもたしている暇はありません。

AEDの設置場所を探したり、練習場所から離れた場所までAEDを取りに行ったりする時間はありません。

学校のグラウンドや体育館、地域のスポーツセンターなど、部活動を行う場所から片道1分、往復で2分以内にアクセスできる場所にAEDを設置するべきです。また、どこに設置されているのかを、事前に把握しておく必要があります。

もしもに備えた心構えと事前準備

AEDを正しく使えば救える命があります。しかし、実際に使用したことがないと、「心臓が停止した人が本当に助かるのか」と半信半疑であったり、使ったことがないからと手にすることをためらうことがあったりするかもしれません。また、AEDは音声ガイドに従えば誰でも操作できますが、実際に倒れている人を目の前にすると体が動かないということもあるでしょう。

指導者や施設管理者は、AEDが自動音声で使い方を教えてくれること、心臓が正常に動いていれば作動しないことも含めて部員やマネージャー、場合によっては保護者にアナウンスし、躊躇なく使うことを推奨してください。また、自身も含め、部員全員で講習などを受けておけば、何かがあった際に、無駄なく動くことができるのではないでしょうか。

摂食障害の原因と症状

拒食症や過食症といった摂食障害を患っている人は、想像以上に多く存在します。体力の向上や健康の増進を目的の１つとする部活動が、その要因となりうることも理解しておきましょう。

多くの人がなりうる摂食障害

食事の量や食べ方など、食行動に関する異常が続き、心身に影響が及ぶ病気を摂食障害と呼びます。摂食障害は、いわゆる拒食症（神経性やせ症）と過食症（神経性大食症）の２つに大きく分かれます。

日本で医療機関を受診している摂食障害患者は１年間に21万人とされています。さらに、治療を受けたことがない人、治療を中断している人が多数いるのが現状です。

部活動が原因となる場合もある

部活動に取り組む中学生や高校生の場合、体重制限がある種目（柔道、レスリングなど）、競技特性から体重コントロールをすることが必要になる種目（陸上競技、スキー、新体操、フィギュアスケートなど）では、体重制限というプレッシャーがかかりやすくなります。指導者には、十分な注意が必要でしょう。

摂食障害になる原因

　摂食障害は、何か１つの原因によって発症するものではありません。心理的要因、社会・文化的要因、さらに生物学的要因が重なって起こると考えられています。摂食障害になる人とならない人の差も、理由は明らかになっていません。

　現代の日本では、やせ願望をもっている女性が多く、ダイエットをきっかけに摂食障害を発症する例は多く見られます。

　ダイエット以外にも「受験で失敗した」「成績が落ちた」といった、生活のなかでの挫折体験やストレスを感じる状況に陥った際に、摂食障害を発症することがあります。学校での友人関係の問題、家庭環境の問題などによるストレスが契機になることもあります。

　根本には、不適切な自己評価や対人関係をめぐる葛藤、社会的ストレスがあると考えられています。

指導者が、摂食障害について気をつけておくべきこと

・強制的な目標体重の設定や食事制限を避ける

・食行動の異常や摂食障害についての知識を深める

・学校・家庭・部活動の場における生活上のバランスをとる

・選手のストレス状態をチェックして、適切なストレスマネージメントを実施する

・適切な食事と健康な体重維持との関連について部員の理解を深める

摂食障害の影響

　摂食障害に罹ると、心身の成長・発達と健康、人間関係、日常生活、社会生活などに深刻な影響を与えます。また、神経性やせ症の場合は、栄養失調による身体的なダメージも大きくなります。具体的には、貧血、低血糖、低血圧、肝機能障害、腎機能障害、無月経といったことが起こります。

摂食障害の影響が大きく長くならないうちに、サインや症状に気がついたら、速やかに専門家に相談して治療を受けることが重要です。

日頃から観察して変化やサインに気づく

摂食障害とは、具体的にどのような症状になるのでしょうか。主な症状について言及しますが、それがすべてではないことも理解しておきましょう。

摂食障害だからといって、必ずしもすべてに当てはまるわけではありません。日頃から部員を観察し、変化に気がつくことが大切です。

そして、摂食障害は甘えやわがままではなく、自分ではコントロールできない病気であることを周囲が理解しなくてはいけません。

代表的な摂食障害のサイン

・絶食する、極端な食事制限をする、食べることが難しい、食欲がない

・朝食を食べていない

・体重や体型への不満がある

・周囲からはとてもやせているといわれるが、自分では太っていると思っている

・強いやせ願望、あるいは体重が増えることへの恐怖がある

・食べ物のことが頭から離れない

・自尊心が低い

・気分の変化が大きい、不安を抱えている

・周囲から孤立している

・極端な体重の増加や現象がある

・月経が止まる、不規則になる

・睡眠の障害がある

11 過換気症候群の原因と症状

不安や緊張から起こる過換気症候群は、誰にでも起こりえます。試合などを控える子どもたちもなる可能性があるので、その対処方法など、正しい知識を身につけておきましょう。

過換気症候群は血中の二酸化炭素濃度の低下が原因

過換気症候群とは、精神的な不安や極度の緊張などによって呼吸を過剰にする、いわゆる過呼吸の状態となり、血液中の二酸化炭素濃度が低下してアルカリ性に傾くことで起こるさまざまな症状を指します。

過換気症候群のメカニズムと症状

通常、人間の体は呼吸によって酸素を取り込み、血液を介して体の隅々まで運び、エネルギーを生むために活用します。そして、細胞・組織から出た二酸化炭素を回収し、呼吸を通じて体外へと排出しています。

二酸化炭素の回収は血液のpH調節にも関わっており、二酸化炭素が赤血球に取り込まれるほど、血液中の水素イオン濃度は上がり、酸性に寄ります。反対に、肺から二酸化炭素が排出されるほど、血液中の水素イオン濃度は下がり、アルカリ性に傾きます。

通常時、呼吸は意識しなくても脳にある呼吸中枢によって調整され、血液のpHは中性（7.40前後）に維持されています。

しかし、不安や緊張などから過呼吸状態になると、血液中の二酸化炭素濃度が低下してアルカリ性に傾くことで、血管の収縮が起こり、手足の痺れや筋肉の痙攣、頻脈、血圧上昇といった症状が表れます。また、胸の痛みやめまい、吐き気、冷や汗などの症状も起こりえます。

安心できる環境づくりと４・４・８呼吸法

発作の恐怖からさらに呼吸が激しくなり、症状が悪化するケースがあるため、まずは気持ちを落ち着かせてリラックスすることが大切です。

鼻から４秒で吸って、４秒息を止め、８秒かけて鼻から息を吐く、「４・４・８呼吸法」を行い、副交感神経を優位にすることで、次第に症状が落ち着いてきます。

周囲が過剰に慌てたり、心配したりすると、発作を起こした本人がますます不安になることがあるので、周囲は落ち着いて、本人が安心できる環境づくりを心がけましょう。

そして、過呼吸を繰り返すようなら、一度心療内科を受診してください。

ペーパーバッグ法はリスクあり

過換気症候群の対処法として、以前は紙袋などを口にあてて呼吸をする「ペーパーバッグ法」が良いとされていました。ですが、この方法では血中酸素濃度が低くなりすぎたり、窒息したりするリスクがあるため、注意が必要です。

12 貧血の原因と対処方法

貧血は、体が大きく成長する中学生・高校生世代で起こりやすいといわれています。とくに、運動部に所属している子どもは、引き起こしやすい傾向にあります。

貧血のメカニズム

骨髄でつくられる血液には、全身に酸素や栄養素、ホルモンなどを運ぶ役割があります。赤血球内のヘモグロビンは、酸素と結びついて全身の細胞に届けるという役割を担っているのですが、そのヘモグロビンが不足している状態が貧血です。

貧血になったときの症状

ヘモグロビン量が低下すると、それに伴って酸素の運搬能力が低下し、体が酸素不足の状態になります。貧血を起こすと、疲れやすい・倦怠感、動悸・息切れ、めまい・立ちくらみ、顔面蒼白、頭痛、眠気といった症状が表れます。

貧血の主な原因は鉄不足

貧血を引き起こす原因はさまざまありますが、もっとも多いのが鉄不足による鉄欠乏性貧血です。鉄はヘモグロビンの原料となるので、体内の鉄が不足するとヘモグロビンの量が減ってしまいます。

部活動で激しいトレーニングをすると、体内での鉄需要が増える一方、発汗による排出量も増加します。体の成長によっても鉄の必要量は増えますし、月経のある女性はより鉄が不足しやすくなります。

貧血になったときの対処方法

貧血を起こしているかどうかは、血液検査でヘモグロビン値を調べることで確認できます。中学生年代は男女とも男性は11.4 g／dℓ以下であれば貧血状態で要観察とされ、9.9 g／dℓ以下だと要精査とされています。

貧血だと判明したら、適切な治療を受け、医師の指導のもと、食事の改善も行いましょう。

鉄欠乏性貧血の予防のためには、鉄が不足しないように意識するのはもちろん、栄養バランスがよく、カロリー不足にならない食生活を心がけることが大切です。

貧血になると持久力が低下する

貧血になると、当然部活動のパフォーマンスにも影響が出ます。貧血は有酸素運動の能力を低下させるため、持久力が下がります。

陸上長距離などの持久系競技では、記録低下として如実に現れますし、思ったように走れない、集中力が続かない、以前のように体が動かない、練習についていけなくなる、といったことが起こります。

13 呼吸と心身の関係性

生命の維持活動に欠かせない呼吸ですが、酸素や二酸化炭素の運搬以外にも、心身にさまざまな影響を与えています。実際に、どのような影響があるのかを探っていきましょう。

呼吸と心身の関係

呼吸の有無は生命の維持に直結しますが、それだけではなく、心身の調子にも深く関わっています。まずはその例を挙げていきます。

ストレス、怒り

ストレスを感じると心身は緊張状態となり、筋肉もこわばります。呼吸には呼吸筋が関わっているため、ストレスが大きくなると速く浅い呼吸しかできなくなります。

呼吸が浅くなると息苦しくなるだけでなく、細胞呼吸（細胞が酸素と栄養素を取り込みエネルギーをつくりだす細胞レベルでの呼吸）の効率も落ちるため、この状態が続くと体調にも支障をきたします。

集中力

集中力のなかでも、とくに短期集中との関係性が深いのがノルアドレナリンというホルモンで、呼吸法によってバランスを変えることが可能です。

また、集中力を高めるためには、自律神経のバランスを整えることが大切ですが、それにも呼吸法が役に立ちます。

肩こり、高血圧、便秘、胃炎、消化不良など

呼吸は自律神経と密接に関係しています。そのため正しく呼吸が行われていないと、自律神経も乱れがちになります。

とくに浅い呼吸を続けていると、交感神経が優位になり、肩こりや便秘、手足の痺れ、胃炎などの不調が顕在化します。

モチベーション

脳内ホルモンのドーパミンが分泌されるとモチベーションが上がり、意欲的になります。

呼吸が直接ドーパミンに働きかけるわけではないのですが、ドーパミンを制御しているセロトニンは呼吸法によって増やすことができます。そのため間接的ですが、モチベーションの維持・向上に貢献してくれます。

姿勢

呼吸は呼吸筋が働くことで可能となりますが、呼吸筋は姿勢を保つのにも関連した筋肉群です。そのため、呼吸筋をうまく使いこなす呼吸をしていないと、不良姿勢となる可能性があります。

姿勢が悪くなると呼吸が浅くなり、さらに呼吸がうまくできないという悪循環に陥ります。

痛み

呼吸のように一定のリズムで同じ動きを繰り返すものを「リズム運動」と呼びますが、リズム運動はセロトニンを活性化します。

セロトニンにはさまざまな効果がありますが、その１つに鎮痛効果があります。セロトニンを増やす呼吸法を実践することで、痛みとも上手に付き合えるようになります。

睡眠

疲労感があるのになかなか寝つけない、眠りが浅く疲労感がとれないなどの状態は、自律神経のバランスが崩れています。交感神経が高まりすぎていたり、眠りを促すホルモンが十分に分泌されていなかったりすることで引き起こされます。

自律神経のバランスは、呼吸法で整えることができます。また、睡眠に関わるホルモンであるメラトニンは、呼吸法と関係が深いセロトニンを材料としてつくられています。

代謝

呼吸の最大の目的は細胞呼吸です。

たとえば、加齢とともに太りやすくなるのは、代謝が落ちるのが主たる原因です。細胞呼吸がアップすれば、おのずと代謝は上がります。また、脂肪を分解するためには酸素が必要なため、正しい呼吸ができていないと脂肪が燃えにくく、太りやすくなってしまいます。

呼吸は意識的に自律神経にアプローチできる

体には自律神経によって無意識に働くものがあります。呼吸もそのひとつですが、意識的に速度をコントロールすることもできます。言い換えると、呼吸を意識することで自律神経に働きかけることが可能になります。まずは、その仕組みを学びましょう。

呼吸は自律神経が管理

生命を維持するために欠かせない呼吸は、滞りなく体内の細胞に酸素を届けるために、自律神経で管理されています。

自律神経とは、ホルモンと並ぶ体の２大制御機構の１つです。自律神経は、私たちの意思とは関係なく、身体機能を健全に保つために24時間休みなく働き続けています。胃や腸や心臓が休みなく動いているのも、心身状態により血圧が上下したり、発汗したりするのも、自律神経がコントロールしているからです。

交感神経と副交感神経の役割

自律神経には、交感神経と副交感神経があります。

交感神経は「闘争と逃走の神経」と呼ばれ、活動する体のアクセルとして働きます。主な働きは、 血管を収縮させる、血圧を上げる、心拍数を増やす、汗を出す、瞳孔を開くなどです。

一方、「休憩と食事の神経」と呼ばれる副交感神経は、次の活動に備えて休息する体のブレーキとして働きます。主な働きは、血管を拡張する、血圧を下げる、心拍数を下げる、胃腸を活発に働かせる、瞳孔を閉じる、排便を促すなどです。

呼吸は自律神経に介入できる唯一の方法

自律神経を整え、不調なく日々を送るためには、体内時計をつかさどる生体リズムに即した生活、いわゆる早寝早起きで規則正しい生活が大切です。

呼吸は、無意識下で働く自律神経に、意識的に介入する唯一の手段であり、誰でもいつでも実践することが可能です。

たとえば、心臓の拍動は意思の力ではリズムを変えることはできません。しかし、呼吸をゆっくりと行い、副交感神経を優位にすることで、連動するように心臓もゆっくりと拍動するようになります。

また、ストレスを感じているときに、ゆっくりとした呼吸に切り替えると、気持ちが緩み、リラックスすることができます。自律神経で制御している無意識レベルの活動を、呼吸によってある程度意識的にコントロールすることが可能なのです。

腹式呼吸で副交感神経が優位になる

呼吸によって自律神経を調整するには、呼吸筋の１つである横隔膜に刺激を与える必要があります。横隔膜とは、肺の下に位置する骨格筋です。横隔膜の周辺には自律神経が集まっているため、横隔膜をゆっくり緩める腹式呼吸を行えば、自律神経に刺激を与え、副交感神経が優位になることがわかっています。

すぐに活用できる呼吸法

呼吸は自律神経に働きかけられる唯一の方法ですが、具体的にどのようにコントロールすればいいのでしょうか。ここではいくつかの呼吸法と、その効果について解説します。

さまざまな呼吸法とその効果

自律神経の調整や、心身のパフォーマンス向上が期待できる呼吸法を紹介します。呼吸法の基本となるのは、腹式呼吸です。

記載している呼吸の長さや回数は、理論に基づいたイメージをつかむために設定した基準です。呼吸法の効果は、自律神経のバランスに大きく関係しています。呼吸の長さや回数に執着しすぎると、逆にバランスを崩すことになる場合もあります。

呼吸を行うコアの趣旨さえ理解していれば、多少の長さのズレはまったく問題ありません。自分にとって自然で、心地よい状態で実践するほうが効果は高くなるでしょう。

ベース呼吸法

横隔膜を刺激することで副交感神経を優位に誘導し、高ぶった交感神経を鎮めて、緊張緩和などが期待できる呼吸法です。

❶ 姿勢をラクにして座り、鼻から軽く息を吐く
❷ 腹を膨らませながら鼻からゆっくりと息を吸う（4秒）
❸ 腹を凹ませながら鼻からゆっくりと息を吐く（8秒）
❹ ②、③を気分が落ち着くまで繰り返す

4・4・8呼吸法

ストレスを受けると脳の視床下部が反応し、交感神経が優位となり、心拍数や血圧が上昇します。この呼吸法は、副交感神経にスイッチを入れ、交感神経の暴走を食い止めます。

緊張緩和、不安解消、ストレス解消、イライラ抑制などが期待でき、寝つけないときにもおすすめの呼吸法です。

❶ ラクな姿勢をとる
❷ 腹式呼吸で2～3回呼吸して、鼻から息を吐き切る
❸ 腹を膨らませながら4秒かけて鼻から息を吸う
❹ 4秒息を止める
❺ 腹を絞るようなイメージで8秒かけて鼻から息を吐く
❻ ③～⑤を4回繰り返す

5・5呼吸法

テンションを高めたい、集中力を高めたいといった際におすすめの呼吸法です。

最初に速めの胸式呼吸で交感神経を優位にし、気分を高揚させます。その後、腹式呼吸によって副交感神経のスイッチを入れてバランスをとります。

❶ 背すじを伸ばして立ち、鼻から息を吐き切る

② 速めの速度で鼻から息を吸う（5秒程度）

③ 鼻から一気に息を吐く（5秒程度）

④ ②、③を4～5回繰り返す（胸式呼吸）

⑤ 腹を膨らませながら鼻からゆっくり息を吸う（3秒間）

⑥ 腹を凹ませながら鼻からゆっくり長めに息を吐く（6秒間）

⑦ ⑤、⑥を4～5回繰り返す（腹式呼吸）

10・20呼吸法

ヘトヘトになった日などに、じっくり時間をかけて心身を癒（いや）すための呼吸法です。1分間にわずか2回の呼吸のため、浅い呼吸が習慣化している人には最初はきついかもしれません。

交感神経の沈静化、スムーズな入眠に効果があり、呼吸筋のトレーニングにもなります。

① 姿勢を正して座り、下腹部をゆっくり絞るようにして鼻から息を吐き切る

② 下腹部と肛門の力を抜いて、下腹部をゆっくり膨らませていき、10数えながら鼻から自然に息を吸う

③ 首から胸にかけてゆっくり力を抜きながら、鼻から自然に息を吐く。そのまま下腹部をゆっくり絞りながら20数えて、さらに鼻から息を吐いていく。同時に、肛門もゆっくり閉じていき、そのまま鼻から息を吐き切る

④ ②、③を20～30回、自然なペースで行う

参考文献

「運動部活動での指導のガイドライン」文部科学省

「平成 29 年度 運動部活動等に関する実態調査報告書」文部科学省

「運動部活動の地域移行に関する検討会議提言 参考資料集」スポーツ庁

「学校運動部活動指導者の実態に関する調査報告書」日本スポーツ協会 指導者育成委員会

「『部活動指導員』の概要」スポーツ庁

「運動部活動の在り方に関する総合的なガイドライン」スポーツ庁

「運動部活動の指導のガイドライン」文部科学省

「パワーと影響力」グロービス学び放題

『影響力の武器』ロバート・B・チャルディーニ（誠信書房）

「問題構造化のプロセス」川瀬武志

『一冊の手帳で夢は必ずかなう なりたい自分になるシンプルな方法』熊谷正寿（かんき出版）

「室伏長官が考案・実演する身体診断『セルフチェック』動画」スポーツ庁

Murofushi k, et al. The relationship between movement self-screening scores and pain intensity during daily training. J Med Invest. 2022;69(3.4):204-216.
Murofushi k, et al. Validity of the KOJI AWARENESS self-screening test for body movement and comparison with functional movement screening. PLoS One. 2022 Dec 30;17(12):e0277167.
Murofushi k, et al. The effectiveness of corrective exercises on the KOJI AWARENESS™ score and activity-related pain intensity. J Med Invest, In press, 2023.

『青トレ 青学駅伝チームのコアトレーニング & ストレッチ』原晋、中野ジェームズ修一（徳間書店）

『青トレ 青学駅伝チームのスーパーストレッチ & バランスボールトレーニング』原晋、中野ジェームズ修一(徳間書店)

『青トレ 青学駅伝チームのピーキング & ランニングケア』原晋、中野ジェームズ修一（徳間書店）

『子どものスポーツ医学』宮下充正、小林寛伊、武藤芳照（南江堂）

『医師も薦める子どもの運動』中野ジェームズ修一（徳間書店）

『スポーツアイシング』山本利春、吉永孝徳（大修館書店）

『THE ATHLET'S GUIDE TO RECOVERY』SAGE ROUNTREE（Velo Press）

『疲労と身体運動 スポーツでの勝利も健康の改善も疲労を乗り越えて得られる』宮下充正（杏林書院）

「報道発表資料」東京消防庁

デザイン　坂井栄一（坂井図案室）
イラスト　内山弘隆
構　成　神津文人
編集協力　川原宏樹
校　正　月岡廣吉郎　安部千鶴子（美笑企画）
編　集　苅部達矢（徳間書店）

一般社団法人アスリートキャリアセンター
アスリートの過去や現在のキャリアを最大限に生かし、現役引退後も生きがいのある豊かな人生を送ってもらいたいという思いから、2020年9月、青山学院大学 駅伝チーム監督の原晋が設立。「挑戦を、何度でも」を理念に、アスリートのデュアルキャリア教育、セカンドキャリア、社会人生活を営むためのビジネススキル・コミュニケーションスキルといった教育分野、医療・メンタルヘルス・健康の促進ならびに生涯のスポーツ活動といったアスリートの挑戦を幅広くサポートしている。

アスリートキャリアセンターHP
https://www.acckizuna.com/

クラブコーチ育成カリキュラム概要
https://www.acckizuna.com/clubcoach

〈お問い合わせ先〉
info@acckizuna.com

新しい部活のつくり方
地域移行にともなう指導者の教科書

第1刷　2023年3月31日

著　者　一般社団法人アスリートキャリアセンター

発行者　小宮英行
発行所　株式会社 徳間書店
〒141-8202 東京都品川区上大崎3-1-1 目黒セントラルスクエア
電話　編集03-5403-4344／販売049-293-5521
振替　00140-0-44392
印刷・製本　図書印刷株式会社

ISBN978-4-19-865602-7